I0255383

PENSÉES

DE

MARC AURÈLE ANTONIN

MARC AURÈLE ANTONIN

PENSÉES

DE

MARC AURÈLE ANTONIN

PRÉCÉDÉES DE

LA VIE DE CET EMPEREUR

SUIVIES DU

MANUEL D'ÉPICTÈTE

ET DU

TABLEAU DE CÉBÈS

TRADUCTION DE

P. COMMELIN

AGRÉGÉ DE L'UNIVERSITÉ
PROFESSEUR HONORAIRE AU LYCÉE CARNOT

PARIS
LIBRAIRIE GARNIER FRÈRES
6, RUE DES SAINTS-PÈRES, 6

1919

AVERTISSEMENT

A la suite des Pensées de Marc Aurèle, nous publions la traduction du Manuel d'Épictète et le Tableau de Cébès. Entre les deux premiers ouvrages, dont le fond repose sur une même doctrine, le lecteur pourra faire d'instructifs rapprochements. Quant au troisième ouvrage qui, sous forme de dialogue dans la manière de Platon, représente le tableau de la vie humaine, il nous a paru intéressant d'en faire en quelque sorte la conclusion des deux autres.

On nous excusera d'avoir ainsi réuni dans un seul volume trois auteurs différents : nous reconnaissons même que le troisième ne saurait être mis en parallèle, au point de vue du mérite, avec les deux autres. Mais tous les trois nous retiennent dans un ordre d'idées semblables; ils ont cultivé, si l'on peut dire, le même terroir, et avec eux nous restons dans le même champ.

Nous n'avons pas à commenter ici les Pensées de Marc Aurèle : le seul moyen de les comprendre et de les apprécier, c'est de les lire. Nous n'avons pas davantage à exposer, à propos d'un stoïcien, toute la doctrine du stoïcisme. Cette doctrine d'ailleurs est contenue dans cet ouvrage, sinon en entier, du moins dans ses principes fondamentaux.

Mais il est une remarque à faire sur la disposition même des Pensées. Elles ne se présentent dans aucun ordre méthodique. Marc Aurèle se parlait à lui-même : ces derniers mots sont le vrai titre de son ouvrage. Suivant le cas, et selon son inspiration, il jetait sur ses tablettes ses réflexions, en s'efforçant de les exprimer sous une forme précise, sans aucun ornement, dans toute leur simplicité.

Au début de l'ouvrage, il recueille ses souvenirs, ses impressions premières, nous apprend ce qu'il a retenu des paroles qu'il a entendues, des exemples qui ont passé sous ses yeux dans son enfance et durant sa jeunesse ; puis il s'élève à des considérations générales et à des vues philosophiques. Il nous instruit de ce qui se passe en quelque sorte dans son être intime, dans son intelligence et dans son cœur. Toutes ses Pensées nous révèlent son âme : rien de sa vie intellectuelle ne nous échappe. Mais cette vie intérieure se trouvait étroitement liée aux événements du dehors, aux circonstances dans lesquelles le plaçait sa fortune. Afin de le connaître tout entier, il est nécessaire de le suivre dans les différentes phases de son existence ; d'observer à quelle société il s'est trouvé mêlé, avec quelles sortes d'hommes il a été en relation et en contact, quelles luttes il a eues à soutenir, quelles tempêtes à conjurer ; en un mot il faut être initié à son histoire et à celle de son temps. C'est ce qui nous a décidé à raconter sa vie.

Pour cette traduction, nous avons suivi en général le texte de l'édition Teubner (Leipsick, 1903). Mais nous avons eu aussi la bonne fortune d'avoir l'édition d'Oxford (R. J. 1704) sous les yeux. Ainsi nous ne croyons pas qu'une seule des variantes connues nous ait échappé.

Notre désir, comme celui de tout traducteur consciencieux, a été d'unir la fidélité à la clarté. Avons-nous atteint notre but ? Ce n'est pas à nous de prononcer. Le texte de Marc Aurèle renferme des difficultés en grand nombre. Tous nos efforts ont tendu à les vaincre : est-ce à dire que nous les avons vaincues ? Ce serait de la présomption. Du moins, là où les termes paraissent obscurs, là où certains traducteurs se sont bornés à donner une traduction littérale qui reste une sorte d'énigme, nous nous sommes efforcé de dégager un sens plausible, avec les documents que nous avions sous la main. Ce travail a demandé du temps, nécessité bien des réflexions : nous ne nous en faisons pas un mérite. Nous avons pris goût à notre tâche; nous y avons trouvé une véritable satisfaction. Puisse le lecteur, après avoir confronté les textes avec notre interprétation, se déclarer également satisfait!

P. C.

VIE

de

MARC AURÈLE ANTONIN[1]

Une opinion accréditée dans Rome, et adoptée même par quelques historiens, attribuait à l'empereur Marc Aurèle une origine royale. Portés à croire, comme tous les peuples, à la transmission héréditaire de la vertu, les Romains se plaisaient à voir dans ce prince un digne descendant de Numa Pompilius, le second et le plus vertueux de leurs rois. Cette opinion, d'ailleurs si flatteuse, mérite à peine qu'on s'y arrête ; et, d'après les témoignages de l'histoire, Marc Aurèle avait une toute autre généalogie. Sa famille tenait un rang distingué, mais il n'y avait guère qu'un siècle qu'elle se trouvait établie à Rome, lorsqu'il naquit.

Annius Verus, son bisaïeul, venu de Succubis,

---

[1]. Cf. Dion Cassius, Xiphilin, J. Capitolinus, Aurelius Victor, Fronton, Fl. Philostrate, Themistius, Hérodien, Polyen, Ælius Aristide, Eutrope, Aulu-Gelle, Vulcatius Gallicanus, Eutrope, Lucien, etc., et Gautier de Sibert, *Vies de Tite Antonin et de Marc Aurèle.*

ville d'Espagne, dans des circonstances qui nous sont inconnues, exerça les fonctions de préteur. Son fils, M. Annius Verus, aïeul de Marc Aurèle, mis au rang des patriciens par les empereurs Vespasien et Titus, fut honoré de la préfecture de Rome et de trois consulats. Il eut au moins trois enfants : Annius Verus, Annius Libo et Annia Galeria Faustina qui épousa l'empereur Antonin.

Annius Verus, l'aîné de ses fils, eut de son mariage avec Domitia Calvilla Lucilla, fille de Calvisius Tullus, personnage consulaire, l'enfant qui devait être un jour l'empereur Marc Aurèle.

Ce prince naquit dans la maison familiale, sur le mont Cœlius, au mois d'avril, l'an de l'ère chrétienne 121. A sa naissance, il reçut le nom de Catilius Severus qui était aussi le nom de son bisaïeul maternel.

Après la mort de son père, on l'appela Annius Verus; lorsqu'il fut adopté par Antonin, il prit les noms de M. Ælius Aurelius Verus, parce que Ælius était le nom de famille d'Adrien et Aurelius celui de la famille d'Antonin. Parvenu à l'empire, il quitta le nom de Verus, et lui substitua celui d'Antonin, son père adoptif et son pieux prédécesseur.

A la mort de son père, Annius Verus, qui était préteur lors de son décès, Marc Aurèle, très jeune encore, fut adopté par son aïeul paternel M. Annius Verus. Celui-ci avait une concubine, qu'il chargea du soin des premières années de l'enfant. Mais le futur prince ne resta pas longtemps entre les mains de cette femme. Il le dit lui-même dans ses *Pensées*, en même temps qu'il rend hommage au caractère de son aïeul, à la sagesse de ses conseils et à la décence de ses mœurs. Dès son enfance, il fut admis à la cour de l'empereur Adrien dont, si l'on en croit Dion Cassius, il était proche parent. Ce qui rend cette parenté assez vraisemblable, c'est que Succubis, berceau de la famille Annia, et Italica, patrie d'Adrien, étaient deux villes d'Espagne voisines l'une de l'autre.

Honoré à la cour d'Adrien, Marc Aurèle fut créé chevalier dès l'âge de six ans, et associé deux ans plus tard au collège des prêtres de Mars. C'étaient là des distinctions aussi éclatantes qu'extraordinaires; mais il n'en fut pas seulement redevable à la faveur, il les dut surtout aux qualités exceptionnelles qui de bonne heure se révélèrent en lui, et qu'une solide éducation ne tarda pas à développer. Il ne négligea rien : il excellait dans les exercices du corps, tout en se livrant avec ardeur à l'étude de la grammaire, des belles-lettres, de la philosophie, de la jurisprudence et des mathématiques. On eut soin de lui procurer les meilleurs instituteurs et les maîtres les plus renommés de son siècle.

Il eut pour professeur d'éloquence latine et de morale M. Cornelius Fronton, dont Aulu-Gelle exalte l'érudition et l'urbanité; saint Jérôme l'appelle un très illustre orateur, et Eumène, secrétaire de Constance Chlore, n'hésite pas à le comparer à Cicéron. La correspondance épistolaire qui nous reste de Fronton ne nous permet pas de juger de son éloquence; mais la lecture en est intéressante sous le point de vue qui ici nous occupe : elle fait ressortir, d'une part, le dévouement du maître à son disciple, de l'autre, non seulement la profonde reconnaissance, mais la tendresse vraiment filiale du disciple pour son maître.

Marc Aurèle fut formé à l'éloquence grecque par Hérode Atticus, ce riche et brillant rhéteur athénien, surnommé le Démosthène de son siècle, qui avait lui-même étudié sous les principaux rhéteurs de son temps : Scopelianus, Favorinus, Secundus et Polémon. Quel fut le fruit de ses leçons? On le devine sans peine, puisque, dans la rédaction de ses *Pensées*, Marc Aurèle, pour qui la langue latine n'avait aucun secret, employa la langue grecque de préférence à sa langue maternelle. Il convient d'ajouter que l'étude approfondie des philosophes grecs l'avait aussi familiarisé avec cet idiome, dont la souplesse et la variété se prêtent admirablement à l'expression des idées les plus abstraites de la philosophie.

Maxime de Tyr l'instruisit des principes de Platon.

Claudius Severus lui enseigna la doctrine des péripatéticiens ; et Junius Rusticus, Apollonius de Chalcis, Sextus de Chéronée, petit-fils de Plutarque, ne lui laissèrent rien ignorer de la philosophie stoïcienne.

Il eut pour maître de droit L. Volusius Métianus, habile jurisconsulte, auteur d'importants ouvrages dont nous n'avons que quelques fragments.

Tous ces précepteurs, hommes d'élite, de savoir et de talent, trouvèrent en lui une facilité rare jointe à une religieuse docilité. Ses progrès furent rapides.

Il avait lu et analysé tous les poètes, il possédait le don de la parole, et Aurelius Victor le met, pour l'éloquence, beaucoup au-dessus d'Antonin. Cependant il négligea bientôt la poésie et les fleurs de rhétorique, s'apercevant que ceux qui les cultivaient y trouvaient trop de charmes pour se livrer à toute autre sérieuse occupation.

Ses goûts ainsi que sa raison l'entraînaient vers les connaissances solides, et son étude principale fut celle des lois et de la philosophie.

Familiarisé avec les sentiments des philosophes, il s'occupa, dans sa première jeunesse, à les traiter en dialogues. Diognète, l'un de ses précepteurs, l'avait exhorté à adopter ce genre d'écrire. Mais Junius Rusticus l'en détourna, en lui faisant observer qu'il y avait, dans cette sorte de travail, plus d'ostentation que d'utilité pour une personne de son rang.

Le désir d'atteindre à la vertu, telle que la raison de l'homme peut la connaître, lui fit donner la préférence à la philosophie des stoïciens. Il trouva dans leur doctrine et dans son caractère des armes contre la vivacité de l'âge et la séduction de l'exemple : ses mœurs furent sans tache; il dit lui-même qu'il eut le bonheur d'échapper aux pièges que lui tendirent la courtisane Benedicta et l'infâme Theodotus.

Dès l'âge de douze ans, il prit le manteau des Grecs qui était l'habit des philosophes. Peu après, il crut devoir embrasser un genre de vie austère et laborieux qui répondît à cet extérieur ; sa santé en fut altérée ; il fut obligé, pour la rétablir et la soutenir, d'observer un régime perpétuel. Il prenait de la nourriture de grand matin, et faisait usage de la thériaque. Son exemple rendit la thériaque à la mode. Celui qui la lui composait fut d'abord son médecin Benedrius, et, après la mort de celui-ci, le célèbre Galien.

Les soins qu'il prenait de sa santé n'avaient pas pour raison d'être un désir extrême de prolonger ses jours. Fidèle à ses principes, il n'estimait pas la vie comme un bien, mais comme une fonction à laquelle on ne saurait se dérober sans l'ordre de la nature qui veille à l'organisation et au salut de la société. Docile à son guide intérieur, c'est-à-dire à sa raison, émanation de la raison universelle, le stoïcien se considère comme placé à un poste qu'il ne peut quitter que lorsque la raison souveraine lui en fait un devoir impérieux.

La rigidité des principes auxquels Marc Aurèle se conformait dans sa conduite n'eut pas pour effet de détruire en lui la sensibilité.

Pour être sectateur convaincu de la philosophie de Zénon, il n'en chérissait pas moins tendrement ses amis, ses proches : il pleura ses maîtres. La franchise et la douceur furent les deux traits principaux de son caractère. L'empereur Adrien lui témoignait non seulement la plus grande tendresse, mais une sorte de culte, une paternelle vénération. Il l'appelait non pas Verus, mais Verissimus. Il lui fit prendre la robe virile à quinze ans, et le fiança à Fabia, fille de Lucius Verus César.

Ce projet de mariage ne fut pas réalisé à cause des événements qui suivirent, mais il indique clairement quelles étaient les vues d'Adrien à l'égard de Marc Aurèle. De plus il le nomma préfet de la ville pendant les féries latines, simple dignité honoraire plutôt que magistrature réelle, mais témoignage d'une estime qui ne se démentait point.

La mort venait de ravir à Adrien L. Verus César, son fils adoptif; et cet empereur, dont la langueur augmentait de jour en jour, songea à se choisir un autre successeur. Marc Aurèle, n'ayant alors que dix-huit ans, lui parut trop jeune encore pour qu'on lui confiât les rênes du Gouvernement. Il jeta les yeux sur Antonin; mais, en adoptant ce prince, il exigea de lui qu'il adoptât à son tour Marc Aurèle et L. Verus, fils du dernier César, et qui n'avait alors que sept ou huit ans. Ce ne fut pas tout; il désira que les honneurs du premier rang fussent rendus à Marc Aurèle, et obtint du sénat la faveur de le nommer questeur avant l'âge légal. Adrien mourut quelques mois après (139).

Antonin se résigna à accepter l'empire; il était moins ébloui par l'éclat de la souveraine puissance que frappé de l'étendue des devoirs qu'elle lui imposait. Cependant il dut se rassurer en voyant auprès de lui Marc Aurèle dont le caractère lui était connu et sur le loyal concours duquel il pouvait compter. Il le savait non seulement éclairé, instruit, versé dans la jurisprudence et l'art militaire, mais encore disposé à un dévouement sans bornes, et désintéressé jusqu'au sacrifice de lui-même. Récemment Marc Aurèle avait donné, dans sa piété fraternelle, la mesure de son désintéressement. Afin de contribuer à l'établissement de sa sœur, Cornificia, il lui avait cédé toute la succession de son père et renoncé même en sa faveur à la succession de sa mère qui vivait encore : « Je ne fais point un sacrifice, disait-il ; « le bien que j'ai hérité de mon aïeul me suffit, et il « convient que la fortune de ma sœur ne soit pas « inférieure à celle de son mari. »

Antonin combla d'honneurs son fils d'adoption dont les qualités heureuses se perfectionnaient avec les années, et, désirant se l'attacher par des liens plus étroits encore, il lui fit proposer d'épouser Faustine, sa fille. Marc Aurèle hésita, moins parce que cette jeune princesse était sa cousine germaine, — puisque la femme d'Antonin, appelée aussi Faustine, était la sœur de Annius Verus, son père, — que parce qu'il se croyait engagé à épouser Fabia, fille d'Adrien. L'empereur lui persuada que les promesses d'Adrien n'avaient pu lier son cœur; Marc Aurèle devint son gendre, fut déclaré César et désigné consul pour l'année suivante (140). En 145, il est consul pour la deuxième fois avec l'empereur pour collègue ; en 147, il reçoit la puissance proconsulaire et celle du tribunat. A cette occasion, de grandes fêtes furent célébrées à Rome et dans les provinces ; et, afin que la joie fût complète, Antonin fit une remise générale de tout ce qui était dû au trésor public.

Dans son élévation, Marc Aurèle ne changea rien à sa conduite ni à ses habitudes de simplicité. Il continua ses occupations studieuses : vêtu comme un particulier, il allait assidûment écouter les philosophes, les consultait sur les points de doctrine, relisait les auteurs grecs et latins, accueillait tous les citoyens avec une égale affabilité. Il habitait, il est vrai, le palais de Tibère, entouré d'une sorte de cour princière, mais c'était là la résidence assignée par Antonin au jeune César, c'était sa demeure officielle. Il s'efforça du moins d'en bannir le faste, autant que le caprice, l'indiscrétion et les goûts de son épouse Faustine le lui permirent. Lorsqu'il n'était pas avec l'empereur, il ne se faisait pas précéder du flambeau qu'il était d'usage de porter devant les Augustes, les Césars et les autres personnes de la famille impériale.

Antonin le considérait comme un autre lui-même, lui confiait tous les secrets d'État, et ne prenait d'importantes résolutions que de concert avec lui. De son côté, Marc Aurèle, témoin de la probité et de la vertu de ce pieux empereur, l'étudiait comme un modèle; et son unique ambition était de lui ressembler. Cette union portait ombrage à quelques courtisans jaloux, qui essayèrent de la troubler ou de la détruire par de calomnieuses insinuations. On voulut faire croire à l'empereur que Marc Aurèle dissimulait ses vues ambitieuses sous un air de modestie, qu'il n'aspirait qu'à l'empire et avait hâte de voir son père adoptif au tombeau. Antonin resta sourd à la voix des calomniateurs et ne cessa d'accorder à ce prince, qu'il connaissait mieux que personne, toute sa confiance et toute son affection.

Lucius Verus, appelé fils d'Auguste, ne portait

pas le titre de César ; cependant son éducation était l'objet des soins les plus attentifs. Antonin veillait sur sa jeunesse avec une paternelle sollicitude, et Marc Aurèle, usant du privilège de l'âge et de son expérience, lui prodiguait des conseils pleins de sagesse. Mais, sans se préoccuper de l'importance de ses devoirs ni de la dignité de son rang, Lucius Verus se laissait entraîner par la frivolité de son caractère et son goût pour les plaisirs. On lui donna la robe virile à quinze ans, on le fit passer par toutes les charges, et on le décora de deux consulats. Il était consul pour la deuxième fois, et avait pour collègue Marc Aurèle qui l'était pour la troisième fois, lorsque la mort enleva Antonin (161).

Celui-ci avait désigné Marc Aurèle pour son seul successeur ; le sénat ratifia ses volontés sans faire mention de Lucius Verus. Cependant Marc Aurèle demanda que son frère adoptif fût associé à l'empire. Dion Cassius insinue que ce prince fut bien aise d'avoir un collègue pour ménager sa santé et pour moins interrompre ses études philosophiques ; mais n'était-ce pas plutôt assumer une charge plus lourde que de s'associer un collègue qui pouvait lui créer mille embarras et compromettre l'autorité du commandement par la légèreté de son caractère et la dépravation de ses mœurs ? Il semble plus naturel d'admettre que Marc Aurèle, en demandant que son frère adoptif partageât avec lui l'empire, voulut simplement entrer dans les vues primitives d'Adrien, et accomplir un acte de justice et de probité.

Quoi qu'il en soit, L. Verus fut déclaré et

reconnu empereur, et égalé en tout à Marc Aurèle. Ils gouvernèrent ensemble toute l'étendue de l'empire, et il est juste d'observer que L. Verus témoignait à son collègue une entière déférence, sans fausse modestie.

Nous n'avons pas à entrer ici dans tous les détails de ce règne. Notre dessein est uniquement de signaler et de mettre en relief ce qui peut contribuer à l'éclaircissement et à l'intérêt des *Pensées* que nous avons traduites. Toutefois, dans ce dessein même, il importe de résumer les événements auxquels Marc Aurèle a pris part ou qui se sont passés sous ses yeux.

La deuxième année de son règne commença par des fêtes et des démonstrations de joie : deux fils jumeaux étaient nés à Marc Aurèle, M. Aurelius Commodus et Antoninus Geminus ; elle se termina dans les gémissements provoqués par des calamités publiques (162). Le débordement du Tibre dévasta les campagnes, anéantit les récoltes, la famine se fit sentir, et de tous côtés des épidémies se déclarèrent. En même temps la guerre éclatait : les Parthes entouraient les provinces d'Orient, les Cattes parcouraient et ravageaient la Germanie et la Rhétie ; enfin il y avait en Grande-Bretagne des mouvements de révolte chez les peuples impatients de la domination romaine.

Il fut décidé que L. Verus irait soumettre l'Orient, pendant que Marc Aurèle, resté à Rome, travaillerait à remédier aux maux de l'empire, et veillerait à la défense des autres frontières.

L'absence de L. Verus dura cinq ans. Son voyage, depuis Rome jusqu'en Syrie, ne fut qu'une suite de divertissements, interrompus pendant quelques jours par une maladie après laquelle les plaisirs furent repris avec une nouvelle ardeur. Il s'arrêta en Apulie, à Corinthe, à Athènes, en Asie Mineure, en Pamphilie, en Cilicie, etc. Partout il commandait des fêtes et des jeux. On n'entendait que des concerts sur les vaisseaux qui le transportaient vers l'Orient. Les campagnes contre les Parthes, les Arméniens et les Mèdes furent confiées à des généraux qui remportèrent d'éclatantes victoires et contraignirent ces peuples à demander la paix. Cependant L. Verus demeurait à Antioche, s'abandonnant à une honteuse mollesse et à de scandaleuses débauches.

Au début de ces campagnes, il avait épousé Lucilla, fille de Marc Aurèle. Cette princesse, âgée de quinze ans, avait été conduite par son père jusqu'à Brindes, et avait continué sa route avec Annia Cornificia, sa tante, Civico, son oncle, et un brillant cortège. L. Verus vint au devant d'elle jusqu'à Éphèse, et l'emmena à Antioche, où il ne rougit pas de la rendre témoin de son libertinage et de ses excès.

Au nombre des généraux vainqueurs des Asiatiques se trouvait Avidius Cassius, célèbre par ses exploits. Ce fut lui surtout qui, par ses victoires, réduisit les ennemis à l'obéissance. Mais, fier de ses succès, ou peut-être indigné aussi de l'inertie et de la mollesse de L. Verus, il essaya de soulever contre les empereurs les légions qu'il commandait. Il y eut un commencement de complot; L. Verus en prévint Marc Aurèle, qui refusa d'ajouter foi à ce qu'il ne considérait que comme de perfides insinuations et une calomnie.

Les campagnes d'Asie, dans lesquelles les deux princes avaient été proclamés *imperatores* pour la deuxième, la troisième et la quatrième fois, se terminèrent par un triomphe solennel. L. Verus et Marc Aurèle firent leur entrée dans Rome, l'un à côté de l'autre, sur le même char. Le sénat confirma tous les titres qui leur avaient été décernés, et y ajouta celui de Pères de la Patrie (167).

Ce dernier titre, dont L. Verus était indigne, Marc Aurèle l'avait mérité. Durant les cinq années qui venaient de s'écouler, il avait réparé en grande partie les désastres dont le peuple avait tant souffert, et il avait administré l'empire avec justice, bonté et sagesse. Il avait régularisé la répartition et la perception des impôts, ordonné de punir sévèrement les publicains concussionnaires, abrégé les formalités des jugements, entouré de garanties la liberté des citoyens, établi des registres de l'état civil, modifié et amendé les lois concernant les tutelles, les héritages, les spectacles, les bains publics et les sépultures, enfin poursuivi impitoyablement les usuriers et les délateurs.

Peut-être s'étonnera-t-on que, par une loi somptuaire, il ait interdit d'aller par les villes à cheval ou en char, et réduit les riches et les infirmes à user de litières et de chaises à porteurs ; mais on doit se rappeler que les embarras de Rome avaient exercé la verve satirique des poètes, et que, déjà à l'époque de la première guerre punique, la sœur de Claudius Pulcher se plaignait que l'encombrement des rues par la foule empêchât la circulation.

S'il n'y eut, sous l'administration de Marc Aurèle, aucune loi, aucune ordonnance nouvelle concernant la navigation, le commerce et l'industrie, c'est que la vigilance d'Antonin y avait pourvu par les lois Rhodiennes.

La folle passion du peuple romain pour les spectacles sanglants ne lui permit pas de supprimer les combats de gladiateurs. Il essaya du moins d'en atténuer la cruauté, en faisant substituer aux armes tranchantes des combattants une sorte de fleuret dont le maniement exigeait autant de dextérité et causait moins de blessures mortelles. De plus il diminua les dépenses occasionnées d'ordinaire par les jeux du cirque, et apporta un soin particulier à l'emploi des fonds de l'État.

Tant de sagesse, de vigilance et d'heureuses réformes faisaient présager pour l'empire une ère de prospérité. Mais il semble qu'un si excellent prince n'eût été donné à Rome que pour la consoler des malheurs et des fléaux qui ne cessaient de fondre sur elle.

La peste, qui avait décimé les légions victorieuses des Parthes, régnait en Éthiopie et en Égypte ; elle se propagea jusqu'à Rome, et, dans les Gaules, jusqu'au fleuve du Rhin. La famine augmenta la désolation publique, et, en même temps, on apprit qu'une formidable coalition de peuples barbares venait de se former sur les frontières du Danube. Les Marcomans, joints aux Quades, aux Suèves, aux Sarmates, aux Alains, aux Vandales, s'étaient emparés de la Pannonie, et menaçaient toutes les provinces voisines. Ainsi la guerre venait s'ajouter aux autres fléaux.

Dans un si grand danger et de si déplorables circonstances, les deux empereurs prirent les armes et se mirent à la tête des légions. Secondé par de vaillants généraux, entre autres par Avidius Cassius, le glorieux vainqueur des Parthes, ils pénétrèrent en Pannonie, en chassèrent les barbares et revinrent vers Rome après avoir obtenu des ennemis une apparente soumission (168). Mais les Germains se soulèvent de nouveau, et Marc Aurèle, avec son frère L. Verus, se remet en campagne.

Dans trois expéditions successives et très rapprochées les unes des autres, ces deux princes, heureusement vainqueurs, furent proclamés *imperatores* pour la cinquième et la sixième fois. Mais les armées romaines furent cruellement éprouvées par la peste, fléau qu'elles traînaient après elles et qui fit d'innombrables victimes, particulièrement à Aquilée, où le quartier général avait été établi. La présence des empereurs au milieu des pestiférés exposait leurs jours, inquiétait le sénat, et ne ralentissait pas la contagion. Ils reprirent ensemble le chemin de Rome ; mais L. Verus fut enlevé par une mort imprévue avant d'y être arrivé. Il succomba, vraisemblablement à une attaque d'apoplexie, à Actinum en Vénétie, à l'âge de trente-neuf ans, après environ neuf ans de règne (169). Sa mort donna prise à la malignité : on parla d'empoisonnement. Des accusations injustifiées se portèrent tour à tour sur l'impératrice Faustine et sur Lucilla, épouse de Verus ; Marc Aurèle lui-même ne fut pas épargné. Cependant il tait facile à l'opinion publique de trouver l'explication de cette mort soudaine dans la débauche perpétuelle d'un prince dont le corps ne pouvait résister à tant d'excès.

Marc Aurèle fit célébrer les funérailles de son frère adoptif avec décence et solennité; il obtint qu'on lui décernât les honneurs de l'apothéose, prit sous sa protection et combla de ses bienfaits les tantes et les sœurs que L. Verus laissait après lui. Mais il éloigna de la cour les favoris et les affranchis de ce prince, et même, dans un discours au sénat, sans affecter une feinte douleur, il déclara qu'il allait désormais se consacrer plus librement à tous ses devoirs, n'ayant plus à combattre des vues qui étaient si contraires aux siennes.

C'est à peine s'il eut le temps de prendre à Rome quelques mesures administratives et de s'occuper de sa propre famille. Il autorisa le spectacle des pantomimes, pour apaiser les récriminations du peuple qui regrettait les combats de gladiateurs devenus plus rares. Il donna pour second mari à Lucilla, sa fille, Pompéien, fils d'un simple chevalier romain, mais homme vertueux. Tout à coup il reçut des bords du Danube les plus alarmantes nouvelles.

Les Marcomans avaient repris les armes et infligé une désastreuse défaite à Vindex, préfet du prétoire, que l'on avait chargé de tenir en respect ces populations indociles et turbulentes. Près de vingt mille Romains avaient été taillés en pièces; l'ennemi vainqueur menaçait Aquilée et s'acheminait vers l'Italie. La situation était d'autant plus critique que, dans l'empire, il y avait pénurie d'argent et de soldats. Afin de se procurer les ressources que les citoyens et le trésor ne pouvaient lui fournir, Marc Aurèle vend ou engage toutes les pierreries du cabinet d'Adrien, tous les meubles, les vases précieux, les tableaux, les statues de ses palais, les ornements impériaux et jusqu'à la parure de l'impératrice. Pour combler les vides des légions, il enrôle les brigands de la Dalmatie et de la Dardanie, et fait entrer dans la milice romaine les esclaves et les gladiateurs.

Il allait s'éloigner de Rome avec une partie de ces troupes, lorsqu'il vint à perdre le plus jeune de ses fils, L. Annius Verus, âgé de sept ans. Il lui rend les derniers devoirs, laisse son fils Commode sous la conduite de sages gouverneurs, et marche à la défense des frontières. De tous côtés fermentaient des révoltes. Dans la Gaule Séquanaise, en Egypte et dans les Espagnes, ses généraux maintiennent les peuples dans le devoir ; et il va en personne combattre les Marcomans, les Jaziges et les Quades sur les bords du Danube (172-173). Plusieurs fois vainqueur de ces redoutables ennemis, il est proclamé *imperator* pour la septième fois, et reçoit le surnom de *Germanicus*.

C'est durant cette campagne que se passa un fait merveilleux relaté par tous les historiens et communiqué par Marc Aurèle lui-même dans une lettre au sénat.

L'armée romaine, enveloppée par les Quades et dévorée par la soif, fut sauvée par une pluie bienfaisante, tandis que l'ennemi était accablé et mis en déroute par un orage mêlé de foudre et de grêle. Ce prodige, que Xiphilin rapporte comme dû aux prières des chrétiens qui composaient la légion

Fulminante, est attribué par Dion Cassius à un magicien égyptien; Capitolin, Claudien et Themistius l'attribuent à la vertu et à la piété de Marc Aurèle. Dans les bas-reliefs de la colonne Antonine, cette faveur est attribuée à Jupiter pluvieux et foudroyant.

La guerre fut momentanément terminée, et, à la suite de la paix, les barbares germains furent enrôlés dans l'armée romaine.

Sur ces entrefaites, le bruit courut que Marc Aurèle avait succombé à la maladie et aux fatigues de cette expédition. Ce bruit servit de prétexte à la révolte d'Avidius Cassius, gouverneur de Syrie. Ce général ambitieux, dont L. Verus avait antérieurement deviné ou décelé les projets, disposait de forces imposantes et jouissait d'une autorité immense due à ses succès militaires. Il souleva sans peine l'Égypte dont il confia le gouvernement à son fils Mœcianus, se fit proclamer empereur par ses soldats, et peut-être grâce à l'appui de l'impératrice Faustine, qui avait, dit-on, des intelligences avec lui. Avant de pénétrer en Italie, il voulut attirer la Grèce dans son parti. Il s'adressa à Hérode Atticus, bien capable, par son crédit et par son éloquence, d'ébranler les Athéniens. Cet orateur se contenta de lui répondre : « Cassius, tu es fou. »

Instruit de ces tristes événements par Martius Verus, gouverneur de la Cappadoce, Marc Aurèle dut envoyer contre le rebelle un de ses plus fidèles lieutenants, Pertinax, qui, après Commode, devint empereur. La révolte fut vite apaisée, les légions donnèrent des gages de leur obéissance, et Cassius fut mis à mort. On raconte que sa tête fut apportée à Marc Aurèle, qui était alors en Illyrie ; mais ce prince refusa de repaître ses yeux d'un tel spectacle. Il regretta même que Cassius eût été exécuté sans son ordre : il avait ainsi perdu la satisfaction de lui pardonner. Il traita la famille du coupable avec humanité, fit brûler tous les papiers saisis entre ses mains, et, malgré l'impératrice Faustine qui, avec un zèle peut-être intéressé, l'exhortait à une impitoyable vengeance, il pencha vers la miséricorde : toutes les punitions se réduisirent au bannissement et à l'exécution de quelques factieux (175).

Cependant le jeune César, Commode, recevait la robe virile. A cette occasion, le peuple de Rome s'attendait à de grandes fêtes ; le sénat lui-même, qui voyait avec peine l'absence de Marc Aurèle se prolonger indéfiniment, lui écrivait que la cité tout entière se préparait à célébrer son retour. Le prince, dont la santé chancelante avait été sérieusement éprouvée par les fatigues de sa récente campagne, eût été doublement heureux de répondre aux désirs de tous et de goûter quelque repos ; mais il estima qu'il était de son devoir de passer en Orient, afin d'y rétablir l'ordre que la révolte d'Avidius Cassius avait troublé.

A la nouvelle de son approche, les provinces alarmées crurent qu'il allait user de la dernière sévérité envers les rebelles ; au contraire, ce ne fut de sa part qu'humanité et douceur.

Il accorda le pardon à toutes les villes qui avaient embrassé le parti de l'usurpateur. Seulement il fit sentir à Antioche son mécontentement.

Il lui ôta ses privilèges, le droit d'assemblées et de délibérations, et lui interdit les jeux et les spectacles, punition bien méritée par une ville qui, après avoir donné la première l'exemple de la révolte, avait encore osé pleurer la mort de Cassius. Mais le ressentiment de Marc Aurèle ne fut pas de longue durée ; touché de ses supplications et des marques de repentir qu'elle donna, il supprima l'édit qu'il avait rendu contre elle.

Il passa aussi en Palestine où il éprouva beaucoup de résistance de la part des Juifs. Les inquiétudes et les peines qu'ils lui donnèrent le firent s'écrier : « O Marc Aurèle, que tu as à souffrir de « ceux qui ne connaissent pas ta bonté ! O Sar- « mates, ô Marcomans, j'ai donc trouvé des gens « plus méchants que vous ! »

De la Palestine il se rendit en Égypte où Cassius avait eu beaucoup de partisans. Les peuples s'empressèrent de lui donner des témoignages de leur attachement ; il les traita avec douceur et leur accorda une amnistie générale. A Péluse, il abolit les fêtes en l'honneur de Sérapis, parce qu'elles étaient une occasion de mille débauches ; puis il parcourut toute l'Égypte, visita avec admiration ses temples, ses monuments, ses ruines, et séjourna quelque temps à Alexandrie. Là les rois d'Orient vinrent lui faire leur soumission et renouveler avec lui les traités d'amitié et d'alliance. Seul, le roi des Parthes se borna à lui envoyer des ambassadeurs.

L'impératrice Faustine avait accompagné Marc Aurèle dans ce voyage ; elle mourut presque subitement à Halala (plus tard *Faustinopolis*), en Cappaduce, près du mont Taurus. Les historiens, qui ont vu en elle l'instigatrice de la révolte de Cassius, ont présumé qu'elle s'était elle-même donné la mort, dans la crainte d'être convaincue de son crime. Quoi qu'il en soit, il est constant que Marc Aurèle, en apprenant cette mort, ne put contenir ses larmes. Il fit le panégyrique de Faustine, et demanda pour elle au sénat les honneurs de l'apothéose qui lui furent accordés.

Après avoir mis ordre aux affaires d'Orient, à Alexandrie, l'empereur reprit le chemin de l'Asie Mineure, séjourna à Smyrne où il désira entendre le sophiste Aristide, vint à Athènes et se fit initier aux mystères d'Éleusis. Avant de quitter Athènes, cette ville qui avait été le centre de la philosophie et de toutes les belles connaissances, il voulut lui laisser des marques de sa protection. Il y fonda des chaires pour chaque genre de sciences, et assigna aux professeurs des appointements honnêtes. Enfin il s'embarqua, et fit voile vers l'Italie. Une tempête l'obligea à débarquer à Brindes où il quitta l'habit militaire pour prendre la toge, habit de la magistrature romaine, en temps de paix.

A la nouvelle de son retour, la joie éclata dans Rome : le peuple et le sénat s'empressèrent, par reconnaissance pour leur prince, d'accumuler sur la tête de Commode, son fils, tous les titres et tous les honneurs. Un sénatus-consulte lui accorda des dispenses d'âge pour le consulat, et l'associa au triomphe de son père, vainqueur des Quades et des Marcomans.

Jamais entrée triomphante n'avait été plus applaudio, et jamais empereur, dans semblable circonstance, n'avait porté aussi loin la libéralité. Chaque particulier reçut huit pièces d'or, et le prince donna ordre d'ériger des statues à tous les citoyens de distinction qui étaient morts en soutenant la gloire de l'empire contre les barbares.

Avant ce triomphe et les fêtes qui le suivirent, ayant reçu la nouvelle d'une grande victoire remportée par Pertinax, gouverneur d'Illyrie, Marc Aurèle fut nommé *imperator* pour la huitième fois. Une autre victoire, remportée peu de temps après par les deux frères Quintilius, qui venaient de remplacer Pertinax appelé au gouvernement de Mésie, le fit proclamer *imperator* pour la neuvième fois (177-178).

Mais il s'en fallait que les populations danubiennes fussent soumises. L'empereur eut à peine le temps de supprimer les abus qui s'étaient glissés dans les lois durant son absence : il apprit bientôt que les Marcomans n'avaient pas désarmé. Tous les peuples, au delà du Rhin et du Danube, étaient prêts à fondre de nouveau sur l'empire. Marc Aurèle, malgré ses infirmités et sa santé de plus en plus chétive, n'hésita pas à marcher encore contre eux. Afin de hâter son départ, il accéléra le mariage de son fils avec Crispine, fille du consulaire Bruttius Præsens, et prit le parti de l'emmener avec lui. Commode, déclaré Auguste et Père de la Patrie l'année précédente, accompagnait son père avec regret. Ce prince, dépourvu de sentiments et de mœurs honnêtes, rebelle aux leçons de ses gouverneurs, avide de plaisirs, n'aspirait qu'à l'indépendance, et se considérait déjà comme à moitié investi du pouvoir suprême. Il lui tardait de vivre librement dans la mollesse et les délices de Rome. Il partit cependant (179).

Marc Aurèle eut à combattre contre les Marcomans, les Quades, les Sarmates et d'autres confédérés, et remporta sur eux une difficile, mais éclatante victoire qui lui valut d'être proclamé *imperator* pour la dixième fois.

Il se trouvait à *Vindibona*, aujourd'hui Vienne en Autriche, lorsqu'il tomba dangereusement malade, peut-être de la peste. Comprenant que sa fin était prochaine, il fait appeler ses parents, ses amis, ses plus sages conseillers, et, ayant auprès lui son fils Commode, il les remercie de leur attachement, leur expose paisiblement la gravité de la situation, les exhorte à se conformer à ses maximes, et leur recommande d'honorer sa mémoire en aidant de leurs conseils le jeune prince, son successeur. S'étant aperçu que ceux qui l'écoutaient versaient des larmes, il leur dit : « Que « mon état ne vous attriste pas, il faut que je finisse ; « pleurez plutôt les malheurs publics, les incendies « et les désastres que causent les maladies épidé- « miques. »

Il languit encore quelques jours pendant lesquels il fit venir plusieurs fois son fils pour lui remettre devant les yeux l'étendue de ses devoirs.

Enfin, sentant ses forces diminuer de plus en plus, il répondit au tribun qui venait lui demander le mot d'ordre : « Allez au soleil levant ; pour « moi, je perds la lumière. » Marc Aurèle mourut peu après (180).

Rome fut consternée ; le deuil fut général. Les

cendres de cet empereur, de ce philosophe, furent transportées, avec tout l'appareil dû à la majesté impériale, au mausolée d'Adrien. Il reçut les honneurs de l'apothéose; on le regarda comme une divinité tutélaire; il eut ses temples et ses autels.

On se demande comment un prince qui, au témoignage même des auteurs ecclésiastiques, avait des qualités admirables et réunissait en sa personne tout ce qui peut mériter l'estime des hommes, un prince qui, pour des raisons philosophiques et surtout par humanité, avait coutume de punir au-dessous de la rigueur des lois, laissa cependant s'accomplir et se continuer durant de longues années une des plus cruelles persécutions contre les chrétiens. Nous n'avons pas ici à excuser Marc Aurèle ; il est de toute apparence qu'il y eut, dans ce fait, entre son caractère et sa conduite, une sorte de contradiction. Il n'ignorait rien de la doctrine nouvelle dont les progrès et les adeptes se multipliaient de jour en jour. Entre chrétiens et philosophes il s'était engagé plus d'un débat soutenu de part et d'autre avec éclat et fermeté : l'empereur, dont l'esprit ne cessait de s'appliquer aux études spéculatives, était au courant de toutes ces controverses, et, sur plus d'un point, son stoïcisme ne s'éloignait pas trop de la morale chrétienne. Ce n'est donc pas par aversion pour cette morale, à laquelle il devait être initié, qu'il laissa persécuter les chrétiens. Il céda à des motifs purement inspirés par des intérêts politiques.

Dans l'obstination des nouveaux prosélytes à

manifester contre les cérémonies païennes, à fuir les temples et les autels des dieux, à s'abstenir des sacrifices, à résister aux injonctions des préteurs et des gouverneurs romains, qui se considéraient comme les interprètes de l'empereur, pontife suprême, il vit de l'insoumission et une cause profonde de désordre. De plus, obligés de vivre à l'écart, de tenir des assemblées nocturnes, de se réunir à de certains jours et à point nommé pour célébrer leur culte interdit, les chrétiens donnaient prise aux soupçons des magistrats, qui les dénonçaient comme conspirateurs.

Tout ce que l'on peut dire, à ce sujet, en faveur de Marc Aurèle, c'est qu'il ne fit aucun édit prescrivant la persécution ; qu'il recommanda même à ses gouverneurs de ne traiter avec sévérité que les chrétiens qui feraient des aveux; qu'il ne fit exécuter aucun néophyte pendant sa résidence à Rome; que, durant ses longues absences, les préteurs et autres magistrats, ainsi que beaucoup de prétendus philosophes, lui exagérèrent le péril, imaginèrent des abus, et, par un zèle aveugle, firent persécuter ou martyrisèrent une multitude de chrétiens, sous prétexte de veiller au salut de l'État.

« Il y avait déjà longtemps, dit Bossuet[1], que
« les ordonnances du sénat défendaient les religions
« étrangères. Les empereurs étaient entrés dans
« la même politique... Un des principaux règle-
« ments que Mécénas proposa à Auguste fut d'em-

---

1. *Discours sur l'Histoire universelle*, part. II.

« pêcher les nouveautés dans la religion qui ne
« manquaient pas de causer de dangereux mouve-
« ments dans les États... La politique romaine se
« croyait attaquée dans ses fondements, quand on
« méprisait ses dieux. »

P. Commelin.

PENSÉES

DE

MARC AURÈLE ANTONIN

ou

ENTRETIENS

DE CE PRINCE PHILOSOPHE AVEC LUI-MÊME

LIVRE PREMIER

I

Exemples ou leçons de vertu[1] :
De mon aïeul Vérus[2] :
Mœurs irréprochables ; jamais d'impatience.

II

De mon père, tant par sa réputation que par l'idée qui me reste de lui :
Modestie et mâle fermeté.

---

1. Les mots en caractères italiques ont été ajoutés ici et ailleurs (très rarement) pour la clarté du sens. On ne doit pas oublier que Marc Aurèle, écrivant pour lui-même, ne complète pas toujours ses phrases, sous le point de vue grammatical.
2. Les personnages mentionnés précédemment dans la *Vie de Marc Aurèle* ne seront ordinairement l'objet d'aucune note particulière.

III

De ma mère :

Piété et bienfaisance. Non seulement ne jamais faire le mal, mais n'en avoir pas même la pensée. De plus, vivre avec frugalité, fuir en tout le luxe des riches.

IV

J'ai obligation à mon bisaïeul *maternel* de n'être point allé aux écoles publiques, d'avoir eu à la maison d'excellents maîtres, et d'avoir appris que, pour de tels objets, il faut dépenser sans calculer.

V

De mon gouverneur :

Ne jamais prendre parti, *dans les courses du cirque*, pour les uniformes verts ou pour les bleus, ni, *dans les combats de gladiateurs*, pour les grands ou les petits boucliers[1].

Être patient dans les travaux ; me contenter de peu ; savoir me servir moi-même ; ne point me charger de trop d'affaires, et me défier des délateurs.

VI

De Diognète :

Point d'études frivoles ; ne rien croire de ce que les charlatans et les imposteurs racontent sur les

---

1. On sait avec quelle fureur les spectateurs romains se passionnaient parfois pour tels ou tels cochers du cirque, pour tels ou tels gladiateurs. Il se formait ainsi de véritables factions de partisans.

enchantements, les conjurations des mauvais génies, et autres prestiges. Ne point nourrir de cailles *augurales*, ne point m'entêter de ces folies.

Souffrir qu'on parle *de moi* en toute liberté.

C'est à lui que je dois de m'être livré tout entier à la philosophie, et d'avoir entendu les leçons premièrement de Bacchius, ensuite de Tandasis et de Marcien [1].

Il m'apprit, dans mon enfance, à composer des dialogues, à me contenter d'un modeste lit couvert d'une simple peau, enfin à me conformer à tous les usages de l'éducation grecque.

VII

De Rusticus :

Me mettre dans l'esprit qu'il faut redresser son caractère et surveiller ses mœurs.

Ne pas quitter le droit chemin pour vouloir imiter les sophistes.

Ne point écrire sur les sciences abstraites.

Ne point m'amuser à déclamer des harangues faites à plaisir.

N'avoir pas la vanité de faire des exercices publics, ou des largesses extraordinaires.

Laisser là l'étude de la rhétorique, de la poétique, du beau style.

Ne pas me promener chez moi en robe de cérémonie.

Éviter tout autre faste.

1. Personnages inconnus.

Écrire mes lettres en style simple, comme celle qu'il écrivit de Sinuesse à ma mère.

Pardonner de bonne grâce les injures et les fautes au premier signe de repentir.

Lire avec attention, sans me contenter d'entendre à peu près.

Ne pas croire légèrement les grands parleurs.

Ce fut lui qui le premier me procura les Entretiens mémorables[1] d'Épictète : il les fit venir de chez lui.

VIII

D'Apollonius :

Être libre et ferme, sans irrésolution, sans regarder un seul moment autre chose que la droite raison; être toujours le même dans les douleurs aiguës, la perte des enfants, les longues maladies.

Il fut pour moi un exemple vivant qui prouve que le même homme peut être très vif, et cependant être modéré. Jamais il ne témoigna la moindre impatience en donnant ses leçons; et je vis en lui un homme qui regardait toute sa science et le talent qu'il avait de la communiquer comme le plus mince ornement de son être.

J'appris de lui comment il faut recevoir les ser-

---

1. De quels *Entretiens mémorables* est-il ici question ? Est-ce des *Dissertations* ou du *Manuel*, est-ce d'un ouvrage désormais perdu ? On ne saurait le dire.

vices que nos amis paraissent nous rendre ; n'en être ni accablé, ni ingrat.

IX

De Sextus[1] :

Humanité ; exemple de gouvernement paternel dans sa maison.

Attention à vivre conformément à la nature.

Gravité sans affectation.

Recherche continuelle de tout ce qui pouvait plaire à ses amis.

Patience à supporter les sots et les discours inconsidérés.

Se plier à tous les caractères, au point de rendre sa conversation plus agréable que celle des flatteurs mêmes, et en même temps s'attirer la plus grande vénération.

Habileté à trouver et à disposer avec méthode les préceptes nécessaires pour bien vivre.

Jamais la moindre apparence de colère ni d'autre passion.

Ame imperturbable, et cependant remplie des plus doux sentiments pour les autres.

Louant sans battre des mains ; savant sans ostentation.

1. Ce Sextus était le petit-fils de Plutarque (Voir *Vie de M. A.*).

X

D'Alexandre le grammairien :

Ne reprendre personne avec rudesse, et ne pas faire de reproches à ceux à qui il échappe un mot hors d'usage ou irrégulier, ou un mauvais accent ; mais, sous prétexte de répondre ou de confirmer ce qui vient d'être dit, ou simplement d'adopter la même idée, placer adroitement le mot convenable, comme si on n'avait pensé qu'au sujet et non à l'expression ; ou bien prendre un autre détour également fin et couvert, pour faire sentir la faute.

XI

De Fronton :

Considérer combien il régnerait d'envie, de duplicité, d'hypocrisie dans la cour d'un prince tyran ; et que, en général, ceux que nous appelons patriciens sont plus éloignés que les autres hommes de rien aimer.

XII

D'Alexandre le Platonicien :

Ne pas dire ou écrire souvent, ni sans nécessité, à qui que ce soit : « Je n'ai pas le temps ». Ce serait se refuser, sous prétexte d'affaires, aux devoirs assidus qui naissent de nos rapports avec la société.

XIII

De Catulus :

Ne point mépriser les plaintes d'un ami, fussent-elles injustes ; les examiner, et lui remettre l'esprit dans son assiette ordinaire.

Suivre l'exemple de Domitius et d'Athénodote[1] qui faisaient les plus grands éloges de leurs précepteurs.

Aimer ses enfants d'une vraie et solide affection.

XIV

De mon frère Severus[2] :

Aimer mes proches, la vérité, la justice.

Il me fit connaître quels hommes avaient été Thraséas, Helvidius, Caton, Dion, Brutus[3].

Il m'inspira l'idée d'un État fondé sur l'égalité devant la loi, conformément à l'égalité naturelle et à l'égalité des droits, et d'un gouvernement par dessus tout soucieux de la liberté des sujets.

Il m'exhortait à maintenir mon caractère toujours égal, à rester constamment attaché au culte de la philosophie, à faire le bien, être libéral, ne jamais perdre l'espérance, ne point douter de l'affection de mes amis.

---

1. Inconnus, aussi bien que ce Catulus.
2. Puisqu'il s'agit ici d'un maître de Marc Aurèle, le mot *frère* a lieu de surprendre. Ce mot n'a donc que le sens figuré. Au lieu de ἀδελφοῦ (frère), qui est dans le texte, on a proposé de lire φίλου (ami).
3. Stoïciens célèbres, tous ennemis des tyrans.

Était-il mécontent de quelqu'un des siens : il ne le dissimulait pas; il ne donnait pas à ses amis la peine de deviner ce qui lui était agréable ou désagréable; son âme ne leur était jamais voilée.

XV

De Maximus[1] :

Se rendre maître de soi; ne se laisser agiter par rien.

S'armer de courage dans les maladies comme dans tous les autres accidents.

Avoir l'humeur toujours égale, pleine à la fois de douceur et de gravité.

Expédier toutes les affaires sans se plaindre d'en avoir trop.

Il faut qu'un prince donne lieu de croire que tout ce qu'il dit il le pense, et que tout ce qu'il fait est à bonne intention; qu'il ne soit surpris ni étonné de rien, ni précipité, ni lent, ni irrésolu; qu'on ne voie sur son visage ni abattement, ni affectation de sérénité, ni air de colère ou de défiance. Que toujours porté à faire du bien et à pardonner, il soit ennemi de tout mensonge; que ces vertus paraissent être nées avec lui et non le fruit d'une étude qui ait redressé la nature. Que jamais personne ne se croie méprisé de lui, ni ne puisse se croire plus homme de bien. Qu'enfin tout son être ne respire qu'une ineffable bonté.

1. Maxime de Tyr ou Cl. Maximus, le stoïcien.

XVI

De *Titus Antonin*, mon père d'*adoption :*

Être doux et cependant inflexible sur les jugements arrêtés après un mûr examen.

Être insensible au vain éclat de tout ce qu'on appelle honneurs.

Aimer le travail, et y être assidu.

Être toujours prêt à écouter ceux qui viennent donner des avis utiles à l'intérêt public.

Rendre invariablement au mérite personnel tout ce qui lui est dû.

Savoir en quel cas il faut se raidir ou se relâcher.

Renoncer aux amours des adolescents. Avoir un haut degré de sociabilité.

Il n'exigeait pas que ses amis vinssent tous les jours souper avec lui, ni qu'ils fussent de tous ses voyages.

Ceux qui n'avaient pu venir le retrouvaient toujours le même.

Dans ses conseils il recherchait avec une attention profonde et soutenue ce qu'il y avait de mieux à faire. Il délibérait longtemps, et ne s'arrêtait point aux premières idées.

Il possédait l'art de conserver ses amis : jamais de dégoût ni d'attachement outré.

Dans tous les accidents de la vie, il se suffisait à lui-même : toujours la même sérénité.

Il réprimait les acclamations et toute basse flatterie.

Il veillait sans cesse à la conservation des organes de l'État, réglait strictement les frais des fêtes publiques, et ne trouvait nullement mauvais que l'on murmurât de cette parcimonie.

A l'égard des dieux, sans superstition; à l'égard des hommes, sans obséquiosité : nul désir de plaire, de rechercher la popularité : modération en tout, contenance ferme : observer les convenances sans braver les usages.

Il usait sans faste et sans façon des avantages qu'une grande fortune procure en abondance, et d'un air à faire connaître qu'il en profitait uniquement parce qu'il les avait sous la main, sans regretter toutefois ceux qui pouvaient lui manquer.

Il ne fit jamais dire de lui qu'il fût bel esprit, bouffon, pédant. On disait au contraire qu'il était homme mûr, consommé, inaccessible à la flatterie, capable de se commander à lui-même comme au reste du monde.

Il honorait les vrais philosophes, sans rien reprocher à ceux qui ne l'étaient qu'en apparence, mais aussi sans être leur dupe.

Sa conversation avait une aisance, une grâce exquise dont on ne se rassasiait pas.

Il prenait soin de sa personne avec mesure, et non en homme attaché à la vie ou désireux de plaire; sans se négliger absolument, il ne prêtait attention qu'à ce qui concernait sa santé, pour n'avoir recours à la médecine, user de médicaments et de remèdes que le moins possible.

Qualité rare, il reconnaissait, sans jalousie, la supériorité du talent chez les autres, soit en éloquence ou en science des lois, soit en philosophie morale, ou en tout autre genre. Bien plus, il contribuait à établir la réputation des hommes de mérite, dans chacune de leurs spécialités.

Toute sa conduite se réglait sur l'exemple de nos pères ; mais, dans cette imitation des ancêtres, il ne mettait aucune affectation.

Il n'aimait point à changer continuellement de place et d'objet : il n'était jamais las de rester en un même lieu et sur les mêmes affaires. Après ses violents accès de mal de tête, il revenait frais et dispos à ses occupations ordinaires.

Il n'avait pas beaucoup de secrets, tant s'en faut, et si, par exception, il en avait, c'étaient uniquement des secrets d'État.

S'agissait-il de donner des spectacles, de construire des édifices, de faire des largesses au peuple ou d'autres cas semblables, il procédait avec prudence et circonspection, ayant en vue de faire tout ce qui convenait, et non de s'attirer par là un surcroît de popularité.

Il ne se baignait jamais à des heures extraordinaires ; il n'avait pas non plus la manie des constructions. Rien de recherché dans les mets de sa table, dans la qualité et la couleur de ses vêtements ; nulle attention à la beauté de ses esclaves. A Lorium[1], une robe achetée au village voisin et ordinairement de l'étoffe qu'on fait à Lanuvium[2]. Jamais de manteau, sinon pour aller à Tusculum[3], et même il en faisait ses excuses. Le reste à l'avenant.

En général, rien de dur, ni de blessant, ni de violent dans ses manières; point de fougue à se faire appliquer ce mot : « Il en suera ». Il traitait au contraire toutes les affaires l'une après l'autre, les pesait attentivement comme à loisir, sans se troubler, avec ordre et énergie, mettant un juste accord dans la suite de ses actions.

On aurait pu lui appliquer ce qu'on a dit de Socrate : qu'il avait la force de se passer et de jouir indifféremment des choses dont la plupart des hommes ne peuvent ni manquer sans tristesse, ni jouir sans excès. Savoir être fort, patient, ou modéré dans ces deux cas, c'est le propre d'un homme parfait et supérieur ; et tel fut le caractère qu'il nous fit voir, pendant et après la maladie de Maximus.

XVII

Je dois aux dieux d'avoir eu de bons aïeuls, un bon père, une bonne mère, une bonne sœur, des

---

1. Villa d'Antonin, à 24 kilomètres de Rome, près d'Alsium en Étrurie.
2. Patrie d'Antonin, dans e Latium, auj. *Citta di Lavigna*, à six lieues au sud de Rome.
3. Ville du Latium où l'on comptait un grand nombre de villas habitées par les riches Romains. Auj. *Frascati*.

serviteurs, des parents, des amis presque tous bons ; de n'avoir commis d'offense envers aucun d'eux, bien que par ma nature je fusse assez disposé à en commettre, si l'occasion s'était présentée; mais la bonté des dieux m'a préservé des circonstances qui auraient pu me rendre coupable.

De n'avoir pas été élevé plus longtemps auprès de la concubine de mon grand-père ; d'avoir conservé mon innocence dans la fleur de l'âge ; de n'avoir point fait acte de virilité prématurément, et d'avoir même différé.

D'avoir été sous la puissance d'un prince tel que mon père[1] qui a eu soin de me détacher de tout faste, en me faisant sentir qu'on peut vivre dans un palais, et cependant se passer de gardes, de riches habits, de torches, de statues et de tout luxe semblable ; que même on peut se réduire à vivre à peu près comme un simple particulier, sans pour cela montrer ni bassesse, ni lâcheté dans les occasions où l'intérêt public exige de l'empereur qu'il fasse son devoir.

D'avoir obtenu *par adoption* un frère[2] dont les mœurs sont pour moi un motif de veiller plus particulièrement sur les miennes; mais qui en même temps ne laisse pas de m'être agréable par sa déférence et son attachement ; et d'avoir des enfants qui ne sont pas dépourvus de talents naturels, ni non plus contrefaits.

1. Antonin, père adoptif de Marc Aurèle.
2. L. Verus.

De n'avoir réussi que médiocrement en rhétorique, en poésie et dans les autres arts qui m'eussent peut-être retenu par le sentiment de réels progrès.

D'avoir accordé de bonne heure à ceux qui avaient eu soin de mon éducation les places qu'ils me paraissaient désirer, et de n'avoir pas différé, en me flattant que, comme ils étaient jeunes, je pourrais toujours les leur accorder.

De m'avoir fait connaître Apollonius, Rusticus, Maximus.

De m'avoir fait concevoir très clairement et plusieurs fois quelle est la vie conforme à la nature. Il ne tient donc pas aux dieux, à leurs faveurs, à leur assistance, à leurs inspirations, que, dès à présent, je ne vive conformément à ma nature; ou, si je diffère, c'est ma faute, c'est que je néglige les avertissements ou plutôt les instructions des dieux.

D'avoir un corps qui résiste si longtemps à mon genre de vie.

De n'avoir touché ni à Benedicta ni à Theodotus; et plus tard, ayant donné dans les passions de l'amour, de m'en être guéri.

Bien que m'étant fâché plus d'une fois contre Rusticus, de ne m'être livré à aucun transport dont j'eusse à me repentir.

Ma mère devant mourir jeune, de l'avoir du moins laissée passer auprès de moi les dernières années de sa vie.

Lorsque j'ai voulu assister une personne pauvre, ou qui avait besoin de quelque secours, de n'avoir jamais entendu me répondre que je n'avais pas de fonds pour le faire ; et de ne m'être pas trouvé moi-même dans le cas d'avoir besoin du secours d'autrui.

D'avoir une femme si douce, si tendre, si amie de la simplicité.

D'avoir trouvé tant de bons sujets pour donner la première éducation à mes enfants.

De m'avoir indiqué en songe différents remèdes, surtout pour mes crachements de sang et mes étourdissements, comme il m'est arrivé à Gaëte et à Chrèse[1].

Ayant eu la passion de la philosophie, de n'être pas tombé entre les mains de quelque sophiste ; et de n'avoir pas perdu mon temps à feuilleter des commentaires, ou à résoudre des syllogismes, ou à disserter sur les phénomènes célestes.

Tous ces heureux événements ne s'expliquent que par une faveur spéciale des dieux et de la Fortune.

Ceci a été écrit dans le pays des Quades, sur les bords du Gran.[2]

1. Localité inconnue, peut-être voisine de Gaëte (Italie).
2. V. la *Vie de Marc Aurèle*. — Le Gran, anciennement *Granna*, rivière de Hongrie, descend des Carpathes et se jette dans le Danube, rive gauche, vis-à-vis de la ville de Gran, après 260 kil. de cours.

LIVRE DEUXIÈME

I

Le matin, commencer par se dire : « Aujourd'hui je rencontrerai un indiscret, un ingrat, un insolent, un fourbe, un envieux, un insociable. » Ces malheureux n'ont tous ces défauts que parce qu'ils ne connaissent pas les vrais biens et les vrais maux. Mais moi qui ai appris que le vrai bien consiste dans ce qui est honnête, et le vrai mal dans ce qui est honteux ; moi qui sais quelle est la nature de celui qui commet la faute, et qu'il est mon frère, non par la chair et le sang, mais par notre commune participation à un même esprit émané de Dieu, je ne peux me tenir pour offensé de sa part. En effet, nul ne saurait dépouiller mon âme de son honnêteté ; et il est impossible que je me fâche contre un frère, et que je le haïsse ; car nous avons été faits tous deux pour agir de concert à l'exemple des deux pieds, des deux mains, des deux paupières, des deux rangées de dents, l'une supérieure, l'autre inférieure. Ainsi il est contre la nature que nous soyons ennemis ; or, ce serait l'être que témoigner de l'animosité et de l'aversion.

II

Tout ce qui constitue mon être n'est qu'un peu de chair avec un souffle de vie et la faculté de penser.

Laisse donc là tes livres. Point de distraction : cela ne t'est pas permis. Mais, comme un homme qui va mourir, méprise cette chair, amas de sang et d'os, tissu de nerfs, de veines et d'artères. Considère encore ce que c'est que ta respiration. Ce n'est que de l'air toujours différent, rejeté sans cesse et sans cesse aspiré. Il ne reste plus que la partie principale qui pense. Eh bien ! dis en toi-même : « Tu es vieux ; ne laisse pas plus longtemps dans l'esclavage cette faculté maîtresse ; ne souffre plus qu'elle soit secouée comme une marionnette, par des désirs incompatibles avec le bien de la société. Cesse de te plaindre de ton sort présent et d'appréhender l'avenir. »

III

Les œuvres des dieux sont pleines de providence. Celles de la fortune ne sont nullement indépendantes de la nature, c'est-à-dire de la liaison et de l'enchaînement des causes que la Providence régit. Ainsi la Providence est la source de tout. De plus tout ce qui arrive était nécessaire, et contribue au bel ordre de cet univers dont tu fais partie.

Tout ce qui entre dans le plan de la nature et qui tend à la conserver en bon état est bon pour chacune de ses parties. Or, le bon état du monde ne dépend pas plus des divers changements des éléments que du changement des êtres qui en sont composés. Que cela te suffise. Que ces vérités te servent de règle; et laisse là ces livres dont tu es si affamé, de crainte que tu ne murmures au jour de ta mort, au lieu de la recevoir avec tranquillité d'âme, en bénissant, du fond du cœur, les dieux.

IV

Songe depuis combien de temps tu remets au lendemain ces affaires sérieuses, et combien de fois la Providence t'a fourni des occasions que tu n'as pas mises à profit. Il faut enfin que tu sentes de quel monde tu fais partie et quel est ce maître de l'univers dont tu es, par essence, une émanation; songe que tu n'as à ta disposition qu'un temps limité, et que, si tu n'en profites pour trouver la sérénité de l'âme, il disparaîtra, tu disparaîtras avec lui, et il ne reviendra jamais plus.

V

A toute heure du jour, en toute occasion, songe à te comporter en vrai Romain, en homme digne de ce nom, sans négligence, sans affectation de gravité, avec amour pour tes semblables, avec liberté, avec justice.

Fais ton possible pour écarter toute autre idée : tu y réussiras, si tu fais chacune de tes actions comme la dernière de ta vie, sans précipitation, sans passion qui t'empêche d'écouter la raison, sans hypocrisie, sans amour-propre, sans indignation contre la destinée.

Voilà bien peu de préceptes ; mais celui qui les observera peut s'assurer de mener une vie heureuse et presque divine ; car c'est là tout ce que les dieux exigent de lui.

VI

Honte, honte à toi, ô mon âme ! Tu n'auras plus le temps de t'honorer toi-même. La vie de l'homme est courte ; la tienne est presque passée, et tu ne t'honores point encore ; mais tu fais dépendre ton bonheur des caprices d'autrui.

VII

Les affaires qui surviennent du dehors t'attirent de côtés et d'autres ; mais donne-toi du loisir afin d'apprendre quelque chose de bon, et cesse de tourbillonner.

Évite aussi une autre erreur. C'est folie de se fatiguer toute la vie sans avoir un but vers lequel tendent tous nos efforts et absolument toutes nos pensées.

VIII

On n'a guère vu arriver de malheur à quelqu'un pour n'avoir pas étudié ce qui se passait dans l'âme d'un autre ; mais quant à ceux qui n'ont jamais étudié les mouvements de leur cœur, c'est une nécessité qu'ils soient malheureux.

IX

Voici des réflexions que tu dois toujours te faire : Quelle est la nature de l'univers? Quelle est la mienne? Quel rapport celle-ci a-t-elle avec celle-là? Quelle partie est-elle du tout, et de quel tout? Et note bien que personne ne peut t'empêcher de te conformer dans ta conduite et ton langage à cette nature dont tu es une partie.

X

Dans la comparaison que Théophraste fait des péchés, suivant les notions communes, il décide en bon philosophe que les péchés de concupiscence sont plus graves que ceux de colère; car celui qui est en colère ne s'éloigne de la raison qu'en éprouvant un sentiment douloureux, une contraction des nerfs; au lieu que celui qui pèche par concupiscence, vaincu par la volupté, paraît être en quelque sorte plus licencieux et plus efféminé dans ses mœurs. C'est donc avec raison, et en philosophe digne de ce nom, que Théophraste a dit que le crime qu'on commet avec un sentiment de plaisir est plus grand que celui qu'on commet avec un sentiment de douleur. En un mot, il semble que l'un ne se met en colère que malgré lui comme forcé par la douleur d'une offense qu'il a reçue, au lieu que l'autre se porte de son plein gré à satisfaire sa concupiscence.

XI

En toute occasion, agis, parle et pense comme si tu étais sur le point de sortir de la vie. Disparaître de l'humanité n'a rien de redoutable, s'il y a des dieux, car ils ne te feront aucun mal ; et, s'il n'y en a point, ou s'ils ne prennent aucun soin des choses d'ici-bas, qu'ai-je affaire de vivre dans un monde sans dieux ou sans Providence? Mais il y a des dieux, et ils ont soin des choses humaines; et ils ont mis dans l'homme tout ce qu'il faut pour qu'il ne tombe pas dans les véritables maux. Si dans tout le reste il y avait un vrai mal, les dieux y auraient pourvu, et nous auraient donné les moyens de nous en garantir. Mais comment ce qui ne peut rendre l'homme plus mauvais pourrait-il rendre la vie de l'homme plus malheureuse ? Ce n'est pas à son insu, ou le sachant, mais ne pouvant ni prévenir ni remédier, que la nature qui gouverne le monde eût laissé se commettre un tel désordre. Non, il est inadmissible que, par impuissance ou incapacité, elle se soit méprise au point de répandre indistinctement les biens et les maux sur les bons et sur les méchants. Mais puisque mort et vie, gloire et obscurité, peine et plaisir, richesse et pauvreté, toutes ces choses, dis-je, qui de leur nature ne sont ni honnêtes ni déshonnêtes, sont également le partage des bons et des méchants, il s'ensuit que ce ne sont ni des biens ni des maux.

XII

Oh! comme tout s'évanouit bientôt : et l'homme sur la scène du monde, et sa mémoire dans la suite des âges! Ainsi s'évanouissent tous les objets qui tombent sous les sens, et particulièrement ceux qui nous amorcent par l'appât du plaisir, ou qui nous épouvantent par l'idée de la douleur, ou ceux qui flattent notre vanité. Que tout cela paraît frivole, méprisable, vil, corruptible, putride, aux lumières de la raison! Qu'est-ce que ces hommes dont les opinions et les suffrages dispensent la gloire?... Qu'est-ce que la mort? Si on la considère en elle-même, en séparant par la pensée tout ce que l'imagination y ajoute, on ne la verra que comme un ouvrage de la nature; or, il faut être enfant pour avoir peur d'un effet naturel. Que dis-je? Ce n'est pas seulement une opération de la nature, mais encore une opération qui lui est utile.

Comment l'homme tient-il à Dieu? Et par

quelle partie de lui-même y tient-il? Et quel repos cette partie de l'homme ne trouve-t-elle pas en Dieu?

XIII

Rien n'est plus digne de pitié que l'homme qui va partout à droite et à gauche, qui fouille, comme il dit, jusque dans les entrailles de la terre, cherche à deviner ce qui se passe dans l'âme d'autrui, et ne s'est pas aperçu qu'il suffisait à son bonheur d'être assidu auprès du génie qui réside en lui et de lui vouer un culte sincère. Ce culte consiste à le garantir des passions, de toute vanité et d'impatience à l'occasion de ce qui vient des dieux et des hommes; car ce qui vient des dieux est respectable, à cause de leur vertu, et ce qui vient des hommes l'est aussi, parce qu'ils sont nos frères.

Quelquefois pourtant nous devons avoir une sorte de pitié de ceux-ci, à cause de l'ignorance où ils sont des vrais biens et des vrais maux. Cette imperfection est aussi pardonnable que l'infirmité d'un aveugle qui ne peut distinguer le blanc d'avec le noir.

XIV

Dusses-tu vivre trois mille et même trente mille ans, n'oublie jamais que personne ne perd d'autre vie que celle qu'il a, ni ne jouit d'une sorte de vie autre que celle qu'il perd. Ainsi la plus longue et la plus courte vie reviennent au même. Le présent est d'égale durée pour tous : il n'y a donc pas de différence dans la perte. Ce n'est jamais que l'instant présent qui nous échappe ; on ne peut perdre ni le passé, ni l'avenir : comment pourrait-on ôter à quelqu'un ce qu'il n'a pas ?

Rappelle-toi donc ces deux vérités : l'une, que de tout temps le spectacle du monde a été le même, que tout ne fait qu'évoluer en cercle, qu'il est indifférent de voir les mêmes objets pendant un siècle ou pendant deux, ou même pendant une durée illimitée ; l'autre, que celui qui meurt fort jeune ne perd pas plus que celui qui a vécu fort longtemps. L'un et l'autre ne perdent que l'instant présent, puisqu'on ne saurait perdre ce qu'on n'a pas.

XV

Tout est opinion : les entretiens de Monime le Cynique[1] le démontrent amplement ; et il est clair qu'on en peut retirer du fruit à la condition de n'en prendre que le vrai.

---

1. Sectateur ou disciple de Diogène et de Cratès. Quels étaient ces entretiens auxquels il est fait allusion ? On ne le sait. Si l'on en croit Diogène de Laërte, Monime avait écrit des plaisanteries qui au fond étaient parfois sérieuses.

XVI

L'âme de l'homme se déshonore elle-même : d'abord lorsqu'elle se rend semblable, autant qu'il est en elle, à une sorte d'abcès et de tumeur dans le corps du monde ; car c'est se séparer de la nature dont tous les êtres respectivement font partie, que de supporter impatiemment ce qui s'y fait ; ensuite lorsqu'elle a de l'aversion pour un autre homme, ou même s'élève contre lui avec animosité, comme il arrive dans la colère. Troisièmement elle se déshonore lorsqu'elle se laisse vaincre par le plaisir ou la peine ; quatrièmement, lorsqu'elle use de dissimulation, de feinte et de mensonge en actes ou en paroles ; cinquièmement, lorsqu'elle ne dirige vers aucun but sa conduite et ses efforts, faisant tout au hasard, ne mettant ni ordre, ni suite à rien, tandis que, même dans les plus petites choses, tout doit se rapporter à une fin. Or, la fin des êtres raisonnables est de se conformer à la raison et à la loi du plus antique des États et des gouvernements.

XVII

Durée de la vie de l'homme ? un point dans l'espace. Sa substance ? changeante. Ses sensations ? obscures.

La masse de son corps ? putréfaction. Son âme ? un tourbillon. Son sort ? une énigme ? Sa réputation? douteuse ; en un mot tout ce qui est de son corps est comme une eau courante ; ce qui est de son âme, comme un songe et de la fumée ; sa vie est un combat perpétuel et une halte sur une terre étrangère, sa renommée après la mort, un pur oubli.

Qu'est-ce donc qui peut lui faciliter son voyage ici-bas? une seule et unique chose : la philosophie. Elle consiste à veiller sur le génie qui réside dans son cœur, de sorte qu'il ne reçoive ni affront ni blessure, qu'il surmonte les plaisirs et les peines, ne fasse rien au hasard, n'use point de mensonge ni d'hypocrisie, n'ait pas besoin de compter sur ce qu'un autre fera ou ne fera pas; qu'il accepte tout ce qui lui arrive et qui lui est dévolu comme provenant de la source dont il est lui-même sorti ; enfin qu'il attende avec résignation la mort, comme une simple dissolution des éléments dont chaque animal est composé. Car, si ces éléments ne subissent aucun mal en se transformant perpétuellement l'un dans l'autre, pourquoi leur transformation et leur dissolution complètes inspireraient-elles quelque défiance et quelque crainte? Il n'y a rien là qui ne soit selon la nature : donc, point de mal.

Ceci *a été écrit* à Carnunte[1].

---

1. Carnunte ou Carnute était une ville de Pannonie (V. la *Vie de Marc Aurèle*).

LIVRE TROISIÈME

I

Il ne faut pas seulement considérer que chaque jour la vie se consume, et que la partie qui nous en reste devient plus courte ; il faut encore songer que, si l'on parvient à un grand âge, il n'est pas sûr que l'on conservera la même force d'esprit pour comprendre les affaires et se livrer à une étude sérieuse des choses divines et humaines. Si un homme tombe en enfance, il ne laissera pas, il est vrai, de respirer, de prendre des aliments, d'émettre des idées, d'exprimer des désirs, d'accomplir telle ou telle opération semblable ; mais la faculté de disposer de lui-même, de se rendre compte exactement de tous ses devoirs, de déduire ses idées l'une de l'autre, d'examiner même s'il est temps de mettre fin à ses jours, de trancher enfin toutes les questions qui supposent l'exercice de la raison, cette faculté, dis-je, se trouve en lui absolument éteinte. Il faut donc se hâter, non seulement parce que chaque instant est un pas de plus vers la mort, mais encore afin de prévenir cet affaissement total de notre intelligence et de notre raison.

II

Autre observation à faire : tout ce qui se produit dans les œuvres de la nature a sa grâce et sa beauté.

Voici, par exemple, du pain : il s'y est fait à la cuisson quelques crevasses ; et ces crevasses ainsi faites, en quelque sorte, contre l'intention du boulanger, ne laissent pas de donner au pain un aspect agréable et appétissant.

La figue se fendille quand elle est en pleine maturité; l'olive bien mûre est presque pourrie, et cependant le fruit a encore une beauté particulière.

La courbure des épis inclinés vers la terre, les sourcils épais du lion, la bave qui découle de la bouche des sangliers, et beaucoup d'autres choses, considérées isolément, sont loin d'avoir quelque beauté ; cependant, comme ce sont là des accessoires aux œuvres de la nature, ils les embellissent et y ajoutent un certain charme.

C'est ainsi qu'un homme qui aura l'âme sensible, et qui sera capable d'une profonde réflexion, ne verra dans tout ce qui existe au monde presque rien qui ne soit agréable à ses yeux, comme tenant, par quelque côté, à l'ensemble des choses.

Cet homme ne regardera pas avec moins de plai-

sir la gueule béante des bêtes féroces que les
images qui en sont faites par le peintre ou le statuaire. Dans une vieille femme, dans un vieillard
il ne verra que la maturité, l'arrière-saison de la
vie, et il ne jettera que de chastes regards sur la
beauté de la jeunesse. Il envisagera ainsi du même
œil beaucoup de choses qui ne sont pas perceptibles
pour tout le monde, mais seulement pour celui qui
s'est familiarisé avec le spectacle de la nature et
de ses ouvrages.

III

Hippocrate, après avoir guéri bien des maladies,
est lui-même tombé malade, et est mort. Les astrologues, après avoir prédit la mort de bien des
personnes, ont été enlevés à leur tour par la loi du
destin. Alexandre, et Pompée, et César, après avoir
détruit de fond en comble des villes entières,
après avoir taillé en pièces sur les champs de
batailles des milliers de cavaliers et de fantassins,
sont enfin sortis eux-mêmes de la vie. Héraclite,
après avoir si longuement disserté en physicien
sur l'embrasement du monde, est mort, le corps
plein d'eau et enduit de bouse. Démocrite fut tué
par la vermine[1] ; et une autre sorte de vermine fit

1. Héraclite mourut d'hydropisie. Sous prétexte de le guérir,
les médecins l'avaient mis dans du fumier, au soleil. — Selon
Diogène de Laërte, Démocrite mourut de vieillesse. Aucun auteur,
sauf Marc Aurèle, n'attribue à la vermine la cause de sa mort.

périr Socrate. Qu'est-ce à dire ? Tu t'es embarqué, tu as navigué, tu es arrivé, sors du vaisseau : si c'est pour une autre vie, tout est plein de la divinité, tu y trouveras des dieux; si c'est pour être privé de sentiment, tu cesseras d'être obsédé par les peines et les plaisirs, et d'être assujetti à ce corps, vase si inférieur à l'être qu'il renferme et qui lui obéit; car cet être est un esprit, une divinité, le reste n'est qu'un vil mélange de sang et de poussière.

IV

Le peu de temps qui te reste à vivre, ne le perds pas à penser aux affaires des autres, à moins que ce ne soit pour le bien de la société. Tu ne saurais, sans manquer à quelque autre devoir, t'occuper, par exemple, de ce qu'un tel fait et pourquoi il le fait, de ce qu'il dit ou pense, des intrigues qu'il trame, ou d'autres objets de cette nature. Ce serait errer hors de toi, et te détourner de l'étude de cette partie de ton être qui est faite pour te diriger. Il faut exclure de la suite de tes pensées tout ce qui n'a qu'un objet frivole et vain, à plus forte raison tout ce qui ne peut être que l'effet d'une curiosité inquiète et d'une méchanceté habituelle.

Accoutume-toi à régler tes pensées à tel point que, si tout à coup on venait t'adresser cette question : « A quoi penses-tu? » tu pusses répondre immédiatement et en toute franchise : « Je pensais à ceci ou à cela »; en sorte que, par ta réponse, on vît de suite que tu n'as dans l'âme rien que de simple, de bon, de digne d'un être destiné à vivre avec ses semblables, d'un être indifférent aux plaisirs et en général à tout ce qui flatte les sens, exempt de haine, d'envie, de maligne défiance, enfin de tout sentiment qui te ferait rougir de honte, si tu venais à dire qu'il était au fond de ton cœur.

Un tel homme, qui, sans perdre un seul instant, s'efforce de rivaliser avec les plus vertueux, peut être considéré comme un prêtre et un ministre des dieux, puisqu'il se consacre au culte de celui qui réside dans les cœurs, de ce dieu qui préserve l'être humain des souillures de la volupté, des blessures de la douleur, des atteintes de l'injure, qui le rend insensible à la méchanceté d'autrui, fait de lui un athlète dans le plus noble des combats, le met à l'abri de toute passion, lui donne une forte trempe de justice, lui permet d'accueillir de toute son âme les événements ainsi que tout ce qui lui est départi par le sort, sans se préoccuper jamais, à moins d'absolue nécessité dans l'intérêt public, de ce qu'un autre dit, fait ou pense. Il ne s'applique qu'à ce qu'il doit faire lui-même, et ne perd jamais de vue la part qui lui est échue en ce monde, restant honnête dans ses actions, et convaincu que sa part est bonne, puisque le sort dévolu à chaque homme est conforme à ses intérêts particuliers et à l'ordre universel. Il n'oublie pas cependant que tout être raisonnable est de sa famille, et que l'homme est porté par sa nature à s'occuper de tous ses semblables. Au surplus il ne doit pas rechercher indistinctement l'estime de tous les hommes, mais seulement de ceux qui vivent conformément à leur nature. Quant aux autres qui ne vivent pas de même, il se représente tranquillement de quelle façon ils se comportent chez eux et au dehors, la nuit et pendant le jour, ce qu'ils sont et quelles compagnies ils fréquentent. En conséquence, il ne fait aucun cas de l'estime de telles gens qui d'ailleurs ne s'estiment pas eux-mêmes.

V

Ne fais rien à contre-cœur, rien de nuisible à la société, rien sans examen, rien par esprit de contradiction. N'affecte pas d'enjoliver tes pensées. Évite de débiter des paroles et de t'ingérer dans trop d'affaires.

De plus, que le dieu qui est en toi règne sur un être vraiment homme, d'âge mûr, soucieux des affaires de l'État, sur un Romain, un empereur qui s'est placé lui-même dans l'attitude d'un soldat prêt à quitter cette vie au premier signal de la trompette, n'ayant besoin ni de formules de serment, ni du témoignage de personne.

Garde une sérénité inaltérable ; passe-toi de tout secours du dehors, et ne compte pas obtenir la tranquillité de l'âme avec l'aide d'autrui. En un mot, il faut être droit et non point redressé.

VI

Si, dans la vie humaine, tu trouves quelque chose qui vaille mieux que la justice, la vérité, la tempérance, le courage, bref, que la vertu d'une âme qui se suffit à elle-même dans les circonstances où il t'est permis d'agir selon la droite raison, et qui s'en remet au destin dans les conjonctures qui ne dépendent pas d'elle; si, dis-je, tu aperçois quelque chose de préférable, dirige vers cet objet toutes les puissances de ton âme, et entre en possession de cette précieuse découverte. Mais si tu ne vois rien de plus excellent que le génie divin qui réside en toi, qui commande à tes propres désirs, qui examine le fond de tes pensées, qui se sauve, comme le disait Socrate, loin des atteintes des sens, qui se soumet lui-même aux dieux et qui aime les hommes ; si tout le reste te paraît bas et vil en comparaison de lui, ferme ton cœur à tout autre objet qui, venant une fois à t'attirer, ne te permettrait plus, sans te faire éprouver un tiraillement fâcheux, de donner le premier degré d'estime à ce bien particulier aux êtres de ton espèce, et le seul qui t'appartienne véritablement.

Ce bien, privilège de la raison, principe des vertus sociales, ne saurait être innocemment contrebalancé par rien d'étranger tel que les louanges de la multitude, les dignités, les richesses, ou la volupté. Toutes ces satisfactions, pour peu que tu les admettes comme conciliables avec la vertu, prévaudront bientôt dans ton âme et l'entraîneront à sa perte. Choisis donc, te dis-je, franchement et en homme libre, ce qu'il y a de meilleur, et ne t'en sépare plus.

— « Ce qu'il y a de meilleur, diras-tu, c'est ce qui est utile. »

Oui, s'il est utile à l'homme en qualité d'animal raisonnable, je te l'accorde; mais s'il ne lui est utile qu'en qualité d'animal? Décide toi-même ce point, et, sans vanité, retiens bien ta décision, afin qu'elle te serve de base solide dans tes secrets examens.

VII

Garde-toi de jamais estimer, comme étant de ton intérêt, ce qui t'obligerait un jour à violer la foi jurée, à manquer de pudeur, à prendre quelqu'un en aversion, à le soupçonner, à le maudire, à dissimuler, à désirer des choses qui ne peuvent se passer que derrière une muraille ou un épais rideau.

Celui qui avant tout s'occupe de son âme, du génie divin qui l'éclaire et auquel il rend de justes hommages à cause de sa puissance, ne joue pas la tragédie, ne pousse pas de stériles gémissements. Qu'il se trouve dans l'isolement ou entouré d'une société nombreuse, que lui importe? La fin qu'il se propose est de vivre sans aucune ambition, sans aucune crainte. Son âme restera-t-elle pendant un long ou court espace de temps sous l'enveloppe du corps? Cette question ne le touche guère. Il serait prêt à mourir à l'instant même, s'il le fallait, comme à s'acquitter de toute autre fonction pouvant être remplie avec décence et dignité. Dans le cours de sa vie tout entière, il n'a qu'un souci, c'est d'empêcher son âme de se dérober aux devoirs d'un être doué de raison et né pour vivre en société.

VIII

Dans l'âme de celui qui s'est rigoureusement corrigé et purifié, tu ne saurais découvrir aucune trace de corruption, aucune tache même, aucune marque de cicatrice. Il n'est point surpris par la mort avant d'avoir complété sa vie comme, par exemple, un acteur qui disparaîtrait de la scène avant d'avoir achevé son rôle et terminé la tragédie. Tu n'y verras non plus ni bassesse, ni affectation, ni contrainte, ni incohérence, ni sujétion quelconque, ni profonds mystères.

IX

Que ton entendement qui juge de tout t'inspire une sorte de culte. Le point essentiel est de n'admettre aucune opinion qui soit contraire ou à l'ordre général du monde, ou à la nature d'un être raisonnable. Celle-ci prescrit l'absence de précipitation dans nos jugements, l'amour de l'humanité et l'obéissance aux dieux.

X

Laissant donc de côté tout le reste, ne t'occupe que de ces quelques prescriptions. De plus, souviens-toi que la vie pour chacun de nous se borne au temps présent qui n'est qu'un instant rapide ; le reste de l'existence n'est plus ou est incertain. Ainsi la vie de chacun de nous est bien peu de chose ; le lieu où elle se passe n'est qu'un petit coin de la terre ; et la réputation la plus durable qu'on laisse après soi n'est presque rien : elle se transmet comme une succession à des hommes destinés à devenir bientôt la proie de la mort, êtres chétifs qui ne se connaissent pas eux-mêmes, et qui connaissent bien moins encore celui qui depuis longtemps n'est plus.

XI

A toutes ces règles salutaires il faut en ajouter une encore, c'est de faire toujours la définition ou la description de l'objet qui se présentera à ma pensée, afin de voir distinctement et à nu ce qu'il est dans sa substance, considéré dans son tout et séparément dans ses parties, et afin de pouvoir me dire à moi-même son vrai nom ainsi que le vrai nom des parties dont il se compose et dans lesquelles il doit se résoudre.

Car rien n'est si propre à élever l'âme que d'analyser autant que possible, avec méthode et justesse, tout ce qui se rencontre dans la vie, et que d'examiner toujours chaque objet de façon à pouvoir aussitôt connaître à quel ordre de choses il appartient, de quelle utilité il y est, quelle importance il a dans l'univers et relativement à l'homme, véritable citoyen de cette ville céleste dont les autres villes ne sont en quelque sorte que les maisons.

Voici un objet dont l'idée frappe mon imagination : Quel est-il ? de quels éléments est-il composé ? Combien de temps doit-il durer ? Quelle vertu faut-il pratiquer à son occasion ? Est-ce par exemple la douceur, la fermeté, la sincérité, la bonne foi, la simple résignation, la frugalité ou enfin quelque autre vertu ?

Ainsi il faut se dire en toute rencontre : ceci me vient de Dieu, et cela me vient par une suite nécessaire du système général, de la liaison et du tissu de toutes choses dont résulte cette coïncidence fortuite ; telle autre chose me vient de mon concitoyen, de mon proche parent, de mon compagnon qui par malheur ignore ce que lui prescrit notre nature ; mais moi, je ne l'ignore pas : c'est pourquoi je le traiterai avec bienveillance et justice, selon la loi naturelle de la société humaine.

Cependant, même lorsqu'il s'agit de choses indifférentes, je m'applique à évaluer chacune d'elles à son juste prix.

XII

Si tu fais l'affaire du moment présent selon la droite raison, avec soin, persistance et sang-froid, sans te laisser distraire par rien d'étranger ; si tu conserves dans sa pureté le génie divin qui t'anime, comme si, à l'instant même, il te fallait le restituer ; si, attaché à ces principes, tu n'es tourmenté ni de désirs, ni de craintes ; si tu te bornes à faire ce que tu fais conformément à la nature de ton être, et à ne dire héroïquement que la vérité dans tous tes discours, dans toutes tes paroles, tu vivras heureux. Or, il n'est personne qui puisse t'empêcher de te conduire ainsi.

XIII

De même que les médecins ont toujours sous la main des appareils et des instruments tout prêts à leur servir en cas d'opérations imprévues, de même sois muni des principes nécessaires pour connaître tes devoirs envers les dieux et envers les hommes, et afin que, même dans l'affaire la plus insignifiante, tu ne perdes pas de vue l'étroite union de ces deux sortes de devoirs ; car tu ne feras rien de bien dans les choses humaines, si tu ne considères le rapport qu'elles ont avec les choses divines, et réciproquement.

XIV

Cesse de t'égarer, car tu n'auras le temps de relire ni tes mémoires[1], ni l'histoire ancienne des Romains et des Grecs, ni les recueils de morceaux choisis que tu as mis de côté pour tes vieux jours. Hâte-toi donc de marcher vers ton but, bannis de frivoles espérances, viens toi-même à ton aide, si tu as à cœur tes intérêts, tandis qu'il en est temps encore.

XV

Le vulgaire ne connaît pas toute la portée de ces mots : voler, semer, acheter, vivre en paix, voir ce qu'il faut faire, chose qui ne s'offre pas à la vue proprement dite, mais à un sens d'une tout autre clairvoyance.

XVI

Corps, âme sensitive, intelligence.
Au corps, des sensations ; à l'âme sensitive, des passions ; à l'intelligence, des principes.
Avoir l'imagination frappée ? Cela peut arriver même à la brute.
Être agité comme une marionnette par des pas-

---

[1]. Les Mémoires de Marc Aurèle, laissés par lui à son fils, ont été perdus.

sions ? Cela arrive encore aux bêtes féroces, aux hommes qui n'ont d'hommes que le nom, à un Phalaris, à un Néron.

Savoir se comporter extérieurement avec bienséance ? Les athées le savent, ainsi que les traîtres à la patrie et ceux qui font tout ce qui leur plaît à portes fermées.

Si donc toutes ces propriétés sont communes aux différents êtres que je viens de nommer, la seule vertu qui reste en propre à l'homme de bien, c'est de chérir et d'agréer tout ce qui lui arrive comme ourdi, pour ainsi dire, avec la trame de ses jours ; de ne jamais faire outrage au génie divin qui réside au fond de son cœur ; d'empêcher qu'il ne soit troublé par les mille chimères de l'imagination, enfin de conserver sa faveur en lui faisant modestement cortège comme à un dieu, sans jamais dire un mot qui ne soit vrai, ni rien faire qui ne soit juste.

En admettant que tout le monde ne soit pas persuadé de la simplicité, de la modestie, de la tranquillité de son genre de vie, il ne s'en indigne contre personne, et ne s'écarte pas pour cela de la route qui aboutit au terme de la vie, terme où il faut qu'il arrive pur, tranquille, libre, de plein gré soumis à la loi de sa destinée.

LIVRE QUATRIÈME

I

Lorsque le maître qui réside en nous gouverne selon sa nature, il envisage toutes les surprises de la vie, de manière à diriger constamment et sans effort toute son action vers ce qu'il lui est possible et permis de faire. Il ne s'attache point à un ordre d'événements déterminé ; s'il adopte un projet, c'est sous condition. De l'obstacle qu'il rencontre il se fait un sujet d'exercice, comme le feu qui s'empare de tout ce qui tombe dans un brasier. Une petite lampe en serait éteinte ; mais un feu ardent s'approprie sur-le-champ tout ce qu'on y jette, il le consume, et la flamme ne s'en élève que plus haut.

II

Ne fais rien sans réflexion, ni autrement que dans les règles de l'art.

III

Pour se reposer, on cherche de paisibles retraites à la campagne, au bord de la mer, dans les montagnes. Toi aussi, tu as bien souvent ce désir au fond du cœur. Mais c'est là une fantaisie des plus vulgaires : il ne tient qu'à toi de te retirer à toute heure au-dedans de toi-même. Nulle part l'homme ne saurait trouver une retraite plus douce et plus tranquille que dans l'intimité de son âme, surtout s'il possède au-dedans de lui de ces biens précieux que l'on ne peut considérer sans goûter aussitôt un calme parfait, et par calme j'entends la tranquillité d'une âme où tout est mis en ordre et à sa place.

Jouis donc sans cesse de cette solitude, et reprends-y de nouvelles forces. Mais aussi qu'il s'y trouve de ces maximes cou... et fondamentales qui n'auront qu'à se présenter à ta pensée pour dissiper aussitôt tes inquiétudes et te renvoyer en état de supporter sans indignation tout ce qui s'offrira de nouveau devant toi.

Au fait, de quoi t'indignes-tu ? De la méchanceté des hommes ? Eh bien ! en principe, rappelle-toi que tous les êtres raisonnables ont été faits pour se supporter les uns les autres, que cette patience fait partie de la justice, qu'ils ne font pas le mal parce qu'ils veulent le mal ; rappelle-toi aussi combien d'hommes, qui ont eu des inimitiés, des soupçons, des haines, des querelles, sont aujourd'hui au tombeau, réduits en cendre, et cesse enfin de te tourmenter.

Mais peut-être es-tu mécontent du lot qui t'est échu dans la répartition des destinées : eh bien !

songe encore une fois que, dans cette alternative, que le monde soit l'œuvre d'une Providence ou une réunion fortuite d'atomes, il t'a été démontré clairement qu'il est une véritable cité.

Serais-tu importuné par les sensations du corps? Songe que notre entendement ne prend point part aux impressions douces ou rudes que l'âme sensitive éprouve, sitôt qu'il s'est une fois renfermé chez lui et qu'il a reconnu ses propres forces. Au surplus, rappelle-toi encore tout ce qu'on t'a enseigné sur le plaisir et la douleur, doctrine qui a reçu ton assentiment.

Serait-ce le désir d'une vaine gloire qui te tourmente? Considère la rapidité avec laquelle toutes choses tombent dans l'oubli : cet abîme immense de l'éternité qui t'a précédé et te suivra ; le son creux d'un vain bruit; l'instabilité, le manque de discernement dans la faveur apparente du vulgaire; enfin l'étroit espace dans lequel la renommée est circonscrite : car la terre entière n'est qu'un point dans l'univers; combien est petit le coin qui en est habité ! et, dans ce coin-là même, par combien d'hommes et par quelle sorte d'hommes seras-tu célébré?

Pour conclure, souviens-toi donc de chercher une retraite dans le domaine de ton cœur. Surtout ne te trouble de rien : point d'obstination inconsidérée ; mais reste libre. Regarde toutes choses avec une fermeté mâle, en homme, en citoyen, en être destiné à mourir.

Lorsque tu feras dans ton âme la revue de tes principes, que deux d'entre eux frappent surtout ton attention, les voici : en premier lieu, remarque que les objets ne touchent point notre âme ; qu'ils se tiennent immobiles hors d'elle, et que son trouble ne provient jamais que de l'opinion qu'elle s'en forme au-dedans d'elle-même ; en second lieu, que tout ce que tu vois va changer dans un moment, et ne sera bientôt plus. Que de changements déjà se sont opérés sous tes yeux! ne l'oublie jamais. Le monde n'est que transformation, la vie n'est qu'opinion.

IV

Si l'intelligence nous est commune à tous, la raison qui nous constitue des êtres raisonnables nous est également commune; et, s'il en est ainsi, une même raison nous prescrit ce qu'il faut faire ou éviter. C'est donc une loi commune qui nous gouverne; nous sommes donc des citoyens qui vivons ensemble sous la même police, et il suit de là que le monde entier ressemble à une grande cité. En effet, de quelle autre police pourrait-on dire que la société humaine dépend, sinon de celle de la cité entière? Mais est-ce de là, est-ce de notre commune cité que nous sont venues l'intelligence, la raison, la loi? Ou nous sont-elles venues d'ailleurs? Car enfin ce que j'ai en moi de terrestre m'est venu d'une certaine terre; ce que j'ai d'humide m'est venu d'un autre élément ; et il en est de même de l'air, de la chaleur et du feu qui sont en moi ; ils me sont venus de sources qui leur sont particulières, puisque rien ne se fait de rien, ni ne retourne à rien : il faut donc aussi que mon intelligence me soit venue d'ailleurs.

V

La mort est, comme la naissance, un mystère de la nature : une nouvelle combinaison des mêmes éléments. Bref, il n'y a rien là de dégradant, car il ne s'y trouve absolument rien qui répugne à l'essence d'un être intelligent, ni au plan de sa formation.

VI

De tels hommes on ne peut attendre que de telles actions, c'est de toute nécessité. Vouloir que cela ne soit pas, c'est vouloir que du figuier ne découle pas un suc laiteux. En attendant, souviens-toi de ceci : c'est que vous mourrez, toi et lui, au bout de très peu de temps, et qu'ensuite votre nom sera bientôt oublié.

VII

Supprime l'opinion ; tu supprimes : « On m'a blessé » ; supprime : « On m'a blessé » ; tu supprimes la blessure.

VIII

Ce qui n'empire pas l'essence même de l'homme ne saurait empirer sa condition, ni véritablement le blesser, soit au dehors, soit au dedans.

IX

C'est pour un bien que la nature est obligée de faire ce qu'elle fait.

X

Tout ce qui arrive dans le monde y arrive justement, comme tu le reconnaîtras, si tu sais bien observer; et cela non seulement par rapport à l'ordre arrêté des événements, mais je dis selon les règles de la justice, et comme étant envoyé par quelqu'un qui distribue les choses selon le mérite. Continue donc à bien observer, comme tu as commencé, et tout ce que tu feras, fais-le dans cette intention de te rendre homme de bien; je dis homme de bien dans le vrai sens de ce mot. Que ce soit la règle de toutes tes actions.

XI

N'aie pas des choses l'opinion qu'en a celui qui te fait une injure, ou l'opinion qu'il veut t'en faire prendre. Vois-les telles qu'elles sont en réalité.

XII

Il faut avoir toujours sous les yeux ces deux règles de conduite : l'une, de ne rien faire que ce que suggère la raison qui règne et fait la loi dans le cœur des hommes, pour leur plus grand bien ; l'autre, de changer d'avis, s'il se trouve quelqu'un qui nous redresse et nous éloigne de telle ou telle idée préconçue ; mais toujours à la condition que ce changement soit déterminé par un motif plausible de justice, d'intérêt public ou quelque autre semblable, et non point par la satisfaction ou la vaine gloire qu'il pourrait nous procurer.

XIII

Es-tu doué de raison? — Oui. — Pourquoi donc ne t'en sers-tu pas ? Si elle fonctionne comme elle doit fonctionner, que veux-tu de plus ?

XIV

Tu as subsisté comme partie d'un tout. Tu seras absorbé par ce qui t'a produit, ou, pour mieux dire, tu seras reçu, par une transformation, dans le sein de cette féconde sagesse.

XV

Plusieurs grains d'encens destinés à brûler sont répandus sur le même autel. L'un y est tombé plus tôt, l'autre plus tard : que leur importe ?

XVI

En moins de dix jours, tu passeras pour un dieu aux yeux de ceux mêmes qui te regardent aujourd'hui comme une bête féroce et comme un singe, si tu reviens à tes maximes et au culte de la raison.

XVII

Ne fais pas comme si tu avais à vivre des milliers d'années. La mort est suspendue sur ta tête : pendant que tu vis, pendant que tu le peux, applique-toi à devenir homme de bien.

XVIII

Que de loisir on gagne en ne prenant pas garde à ce que le prochain a dit, fait ou pensé, et en s'occupant uniquement de ses propres affaires, de manière à les rendre conformes aux lois divines et humaines, et dignes d'un honnête homme ! Il ne faut pas regarder autour de soi les mauvaises mœurs des autres, mais courir en suivant la ligne droite, sans jeter les yeux çà et là[1].

XIX

Celui qui se préoccupe de sa renommée posthume ne songe pas que chacun de ceux qui se

---

[1]. Dans le texte, ce passage a été altéré. Nous avons lu κατὰ τὸν ἀγαθόν et non κατὰ τὸν Ἀγάθωνα, variante introduite par Xylander.

souviendront de lui mourra bientôt lui-même, et qu'il en arrivera autant à celui qui lui aura succédé, jusqu'à ce que toute cette renommée, après avoir passé par quelques générations inquiètes et éteintes, s'éteigne à son tour. Mais suppose que ceux qui se souviendront de toi soient immortels, et que ta mémoire soit immortelle comme eux : que t'en reviendra-t-il? Je ne dis pas seulement qu'il ne t'en reviendra rien après la mort; mais, même pendant ta vie, à quoi te sert ta renommée, si ce n'est peut-être à faciliter les affaires? En attendant, tu manques l'occasion de cultiver en toi les dons de la nature pour t'occuper exclusivement de ce que les autres pourront dire de toi.

XX

Le beau, en tout genre, est beau par lui-même, il se réduit à lui seul, et la louange n'entre pas pour une parcelle en lui. Ainsi une chose, si estimée qu'elle soit, n'en est pour cela ni meilleure, ni pire. Je le dis même de ce qu'on appelle communément beau dans les productions matérielles de la nature et de l'art.

Eh bien! manque-t-il donc quelque chose à ce qui est beau par essence? Pas plus qu'à la loi, qu'à la vérité, pas plus qu'à la bienveillance, qu'à la modestie.

Qu'y a-t-il là qui devienne beau par la louange, ou qui soit altéré par le blâme? L'émeraude perd-elle de sa beauté, pour n'être pas louée? Et que dire de l'or, de l'ivoire, de la pourpre, d'une lyre, d'un glaive, d'une fleur, d'un arbrisseau?

XXI

Si les âmes sensitives continuent à subsister, comment, depuis l'origine des temps, l'air peut-il les contenir? — Mais comment la terre peut-elle contenir tant de corps qu'on y enfouit depuis tant de siècles?

De même que les corps, au bout d'un certain temps de séjour en terre, se transforment et se dissolvent, ce qui fait place à d'autres morts; de même les âmes, après quelque temps passé dans l'air, se transforment, se dissipent et s'enflamment, en rentrant dans le sein fécond de la sagesse de l'univers, ce qui fait place à celles qui surviennent dans leur séjour.

Voilà ce qu'on pourrait répondre, en supposant que les âmes survivent aux corps.

Or, il faut songer non seulement à la multitude des corps ainsi enfouis dans la terre, mais encore au nombre d'animaux dévorés tous les jours tant par nous que par les autres animaux; car combien y en a-t-il de consommés et comme enfouis pour ainsi dire dans les entrailles de ceux qui s'en nourrissent? Cependant le même lieu les reçoit, parce qu'ils y sont transformés partie en sang, partie en vapeur qui tient de l'air et du feu.

Quel moyen ici de connaître la vérité? Analyser les objets dans leur matière et leur principe essentiel

XXII

Évite l'irrésolution : dans toutes tes entreprises, conforme-toi à ce qui est juste ; dans toutes tes pensées, arrête-toi à ce que tu as clairement conçu.

XXIII

O univers! tout ce qui te convient m'accommode. Tout ce qui est de saison pour toi ne peut être pour moi ni prématuré, ni tardif. O nature! ce que tes saisons m'apportent est pour moi un fruit toujours mûr. Tout vient de toi, tout réside en toi, tout retourne en toi. — « Ville de Cécrops, ô ville chérie [1] », dit quelqu'un. Et toi, ne diras-tu pas : « Ville de Jupiter, ô ville chérie » ?

XXIV

« Fais peu de choses, dit-on, si tu veux vivre tranquille [2]. » Ne valait-il pas mieux dire de faire ce qui est nécessaire, ce que la raison d'un être naturellement sociable exige, et comme elle exige que ce soit fait ? C'est là le sûr moyen de goûter

1. Citation empruntée à quelque poète tragique inconnu.
2. Ces paroles sont de Démocrite.

la tranquillité, non seulement celle que procure l'accomplissement de bonnes actions, mais encore celle qu'on trouve à faire peu de choses. En effet, la plupart de nos paroles et de nos actions n'étant pas nécessaires, si on les supprime, on en aura plus de loisir et moins de tracas. Il faut donc se répéter en chaque occasion : « Cette chose n'est-elle pas de celles qui ne sont pas nécessaires ? » Et l'on doit s'interdire non seulement les actions, mais même les pensées qui ne sont pas nécessaires ; car ainsi elles n'occasionneront pas d'actions superflues.

XXV

Essaie de voir comment te réussit la vie de l'homme de bien, de l'homme qui accepte avec résignation la part que lui a faite en ce monde la destinée, et qui se contente d'être juste dans sa conduite et d'avoir une intarissable bienveillance au fond du cœur.

XXVI

Tu as vu de ces choses-là ? Vois encore celles-ci. Ne te trouble pas ; lis seulement dans les replis de ton cœur.

Quelqu'un est-il en faute ? Cette faute est pour lui seul.

T'est-il arrivé quelque chose ? fort bien. Tout ce qui t'arrive se rattache à l'ordre général du monde ; c'était arrêté dès l'origine, c'était ourdi dans la trame de ta destinée.

Après tout, la vie est courte. Il s'agit de mettre à profit ce qui se présente, en t'inspirant de la droite raison et de la justice. Ne prends de relâche qu'avec sobriété.

XXVII

Ou le monde est bien ordonné, ou ce n'est qu'un entassement de matières en désordre qui cependant forment le monde. Mais quoi ! se peut-il que dans toi il y ait de l'ordre, et que dans l'univers il n'y ait que désordre ; et cela, bien que les éléments séparés les uns des autres et répandus de toutes parts concourent avec ensemble aux mêmes effets?

XXVIII

Il y a le caractère sombre, le caractère efféminé, le caractère opiniâtre, le féroce, le brutal, le badin, le lâche, le dissimulé, le bouffon, le fourbe, l'impérieux.

XXIX

Si c'est être étranger dans le monde que d'ignorer ce qu'il y a, ce n'est pas l'être moins que d'ignorer ce qui s'y fait. Appelle déserteur celui qui se dérobe à l'empire des lois de la cité; aveugle, celui qui a les yeux de l'intelligence fermés ; pauvre, celui qui a besoin d'autrui, et qui n'a pas en lui-même tout ce qui contribue au bonheur de la vie ; abcès dans le corps de l'univers, celui qui se révolte et se refuse aux conditions de notre commune nature, en maudissant les accidents qui lui arrivent, car celle qui les produit t'a produit aussi ; appelle abcès dans le corps de la cité celui qui détache son âme de celle des autres êtres raisonnables, car il n'y a dans le monde qu'une seule et même raison.

XXX

Tel est philosophe qui n'a pas de tunique ; tel autre qui n'a pas un livre. — « Je manque de pain, dit un autre qui est à demi-nu, et je persiste à n'écouter que ma raison. » — « Moi, observe quelque autre, je n'ai pas la ressource des sciences, et cependant je persiste aussi[1]. »

XXXI

Aime cet art modeste que tu as appris, cherches-y ton repos ; et passe le reste de tes jours en paix, puisque tu as remis, du fond du cœur, entre les mains des dieux le soin de tout ce qui te regarde ;

---

1. Allusion aux philosophes pauvres, peut-être à Cléanthe qui écrivait sur des briques, sur des coquilles, sur des os de bœuf les notes qu'il prenait en écoutant les leçons de Zénon.

toutefois ne sois ni le tyran, ni l'esclave de personne.

XXXII

Considère, par exemple, les temps de Vespasien, tu y verras tout ce qu'on voit aujourd'hui : des gens qui se marient, qui élèvent des enfants, qui sont malades, qui meurent, qui font la guerre, qui célèbrent des fêtes. Tu y verras des marchands, des laboureurs, de vils courtisans ; des caractères arrogants, soupçonneux, des conspirateurs, des hommes qui souhaitent la mort de quelqu'un, qui se plaignent de l'état des choses, qui s'occupent de folles amours, qui entassent des trésors, qui aspirent au consulat, à la royauté. Ainsi donc tous ces gens-là ont cessé de vivre ; ils ne sont plus nulle part.

Reporte-toi encore aux temps de Trajan : le spectacle se trouvera le même. Cet âge s'est encore évanoui.

Jette les yeux sur d'autres époques de l'histoire ; passe en revue toutes les nations de la terre ; vois combien d'hommes, après s'être bien tourmentés, n'ont pas tardé à mourir et à se résoudre en leurs éléments naturels.

Rappelle-toi surtout ceux que tu as connus toi-même s'occupant activement de choses frivoles au lieu de s'appliquer à faire ce qu'exigeait leur condition, de s'y attacher constamment et de s'en contenter.

Il est encore nécessaire de te souvenir que le soin que tu donnes à chaque affaire doit être proportionné à son importance respective. Tu n'auras pas ainsi le regret d'avoir consacré à une chose de peu de conséquence plus de temps qu'il ne fallait.

XXXIII

Les mots autrefois en usage sont aujourd'hui tombés en désuétude. Il en est de même des noms des personnages les plus célèbres des temps passés ; ce sont pour ainsi dire des mots démodés, tels que Camille, Céson, Volésus, Léonatus[1] ; un peu plus tard Scipion, Caton; ensuite Auguste même et Adrien, et Antonin. Tout cela disparaît, passe vite au rang des fables, et bientôt se perd entièrement dans l'oubli. Je dis les noms des personnages les plus extraordinaires et les plus illustres ; car pour les autres, dès qu'ils ont rendu le dernier soupir, ils deviennent des inconnus; on ne prononce plus leur nom.

Après tout, qu'est-ce qu'une renommée impérissable? Pure vanité. Que faut-il donc ambitionner? Ceci seulement: l'esprit de justice, des actions utiles à la société, un langage d'une sincérité rigoureuse, une résignation absolue aux accidents de la vie, comme étant choses nécessaires, fami-

---

[1]. Volésus est inconnu. — Léonatus, parent et compagnon d'Alexandre. — Différents personnages ont porté ces noms de Camille, Céson, Scipion, Caton.

lières, provenant du même principe, de la même source que nous.

XXXIV

De bon gré abandonne-toi à la Parque, laisse-la ourdir ta destinée comme il lui plaît.

XXXV

Tout s'évanouit en un jour, et ce qui célèbre et ce qui est célébré.

XXXVI

Considère sans cesse que tout ce qui se fait n'est que transformation, et accoutume-toi à cette pensée, que la nature universelle n'aime rien tant qu'à changer les choses qui sont, pour en faire à nouveau de semblables. Tout ce qui existe est comme la semence de ce qui en viendra. Mais toi, tu n'entends par semence que celle qu'on répand dans le sein de la terre ou d'une mère ; c'est être par trop simpliste.

XXXVII

Tu vas mourir bientôt, et tu n'as encore ni simplicité d'âme, ni quiétude parfaite, tu n'es pas sans redouter encore quelque coup du dehors, tu n'as pas une entière bienveillance pour tous tes semblables, tu ne fais pas consister la sagesse uniquement dans la pratique de la justice.

XXXVIII

Examine bien à quels mobiles obéissent les hommes, surtout les hommes de bon sens : vois ce qu'ils évitent, et ce qu'ils recherchent.

XXXIX

Ton mal n'est pas dans l'esprit d'un autre, ni dans quelque modification ou altération de ce qui enveloppe le tien. Où est-il donc? Il est dans la partie de toi-même qui juge des maux. Qu'elle ne se prononce plus, et tout va bien. Le corps, si voisin de cette partie, serait-il coupé, brûlé, ulcéré, gangrené, qu'elle reste tranquille; ou plutôt qu'elle juge que ce qui peut arriver également au malhonnête homme et à l'homme vertueux n'est ni un mal, ni un bien. Car enfin ce qui arrive à celui qui vit en opposition avec la nature comme à celui qui vit en conformité avec elle, n'est ni selon ni contre la nature.

XL

Représente-toi toujours le monde comme un seul être, composé d'une seule substance et d'une seule âme. Vois comme tout ce qui s'y passe se rapporte à un seul principe de sentiment; comment une seule impulsion y fait tout mouvoir ; comme toutes ses productions y sont l'effet d'un concours de causes ; admire leur liaison et leur enchaînement.

XLI

Tu es une pauvre âme qui porte un cadavre, comme l'a dit Épictète.

XLII

Ce n'est pas un mal pour les êtres que de se transformer, de même que ce n'est pas pour eux un bien d'être l'effet d'une transformation.

XLIII

Le temps est comme un fleuve dont le cours rapide entraîne tout ce qui est. Aussitôt qu'une chose a paru, elle est emportée ; une autre qui vient après elle sera emportée à son tour.

XLIV

Tout ce qui arrive est aussi ordinaire, aussi peu surprenant que la rose au printemps et le fruit mûr en été : ainsi, par exemple, la maladie, la mort, la calomnie, les conspirations, en un mot tout ce qui cause aux insensés de la joie ou du chagrin.

XLV

Les êtres qui succèdent à d'autres restent de la famille de ceux qui les ont précédés : ce n'est pas comme une suite de nombres dont chacun aurait nécessairement une valeur respective et indépendante ; non, c'est l'effet d'une connexion fondée sur la raison. De même que, à l'origine, tous les êtres ont été classés par ordre, de manière à former un ensemble harmonieux, de même ceux qui naissent de nouveau ne présentent pas une succession simple, mais une parenté digne d'admiration.

XLVI

Ne jamais oublier ce mot d'Héraclite : « La mort de la terre est de se tourner en eau ; la mort de l'eau, de se tourner en air ; celle de l'air, de se tourner en feu, et réciproquement[1]. »

Souviens-toi aussi du voyageur qui ne sait plus où aboutit la route qu'il suit[2].

Songe que la plupart des hommes vivent en désaccord avec la raison qui préside à l'ordre de l'univers, bien qu'elle soit sans cesse sous leurs

---

1. Le principe formulé par Héraclite aurait été emprunté par lui à Orphée, si l'on en croit Clément d'Alexandrie, qui cite les vers de ce poète primitif.
2. Il est inutile de supposer que Marc Aurèle fait ici allusion à une histoire quelconque et très connue. Bien des voyageurs se sont trouvés dans ce cas.

yeux; et qu'ils trouvent étranges des choses qu'ils rencontrent tous les jours dans leur chemin.

Rappelle-toi encore qu'il ne faut point agir ni parler comme lorsque nous dormons, car, pendant notre sommeil, nous avons aussi l'illusion d'agir et de parler; qu'enfin il ne faut pas adopter les opinions de nos pères comme des enfants qui n'ont que cette raison sur les lèvres : « Ainsi nous l'ont appris nos parents ».

XLVII

Si quelque dieu venait t'annoncer que tu dois mourir demain ou au plus tard après-demain, tu ne tiendrais pas beaucoup à ce que ce fût après-demain plutôt que demain, à moins que tu ne fusses le plus lâche des hommes; car quel serait ce délai ? Pense de même qu'il t'importe peu de mourir après plusieurs années ou demain.

XLVIII

Demande-toi sans cesse combien il est mort de médecins qui souvent avaient froncé les sourcils auprès de leurs malades ; combien d'astrologues qui avaient prédit avec emphase la mort des autres; combien de philosophes qui avaient débité une infinité de systèmes sur la mort et l'immortalité ; combien de guerriers célèbres qui avaient immolé des milliers d'ennemis; combien de tyrans qui, avec une horrible férocité, avaient abusé de leur droit de vie et de mort sur leurs sujets, comme si eux-mêmes eussent été immortels ; combien il est mort, pour ainsi dire, de cités entières : Hélice[1], Pompéi, Herculanum, et une infinité d'autres. Passe encore successivement en revue tous ceux que tu as connus : tel qui avait enseveli celui-ci a été mis sur le bûcher funèbre par celui-là, cet autre par un autre, et tout cela en fort peu de temps. En un mot, ne perds jamais de vue la fragilité, l'inconsistance des choses humaines. Hier l'homme était un simple germe ; demain ce sera une momie ou de la cendre. Passons donc ce court instant de la vie conformément à notre nature, soumettons-nous à notre dissolution avec douceur, comme l'olive mûre qui, en tombant, semble bénir la terre qui l'a portée, et rendre grâces à l'arbre qui l'a produite.

XLIX

Sois comme un cap contre lequel viennent se briser continuellement les flots de la mer. Il reste immobile, et autour de lui toute la fureur des vagues devient impuissante.

— « Je suis malheureux, dis-tu, parce que cet accident m'est arrivé. » — Au contraire, dis : « Je suis heureux, puisque, malgré cet accident, je

---

[1]. Hélice, ville située sur le golfe de Corinthe, et engloutie sous les flots. Pompéi et Herculanum sont bien connus.

n'éprouve aucune peine, je ne suis ni abattu pour le moment, ni effrayé pour l'avenir. » Il pouvait en arriver autant au premier venu qui peut-être n'aurait pas montré la même résignation. Pourquoi donc cet accident serait-il un malheur plutôt qu'un bonheur? Appelles-tu donc malheur pour l'homme ce qui ne l'empêche pas d'atteindre au but de sa nature? Et supposes-tu que l'homme puisse être mis hors d'état d'y atteindre par un événement qui n'est pas en contradiction avec les desseins de la nature sur sa destinée. Ces desseins, quels sont-ils? Tu n'es pas sans les connaître. Ce qui vient d'arriver t'empêche-t-il d'être juste, magnanime, tempérant, raisonnable, exempt de légèreté et d'erreur dans tes jugements, modeste, libre; d'avoir enfin toutes les vertus dont l'effet est de permettre à la nature de l'homme d'atteindre à son but? Souviens-toi donc désormais, toutes les fois qu'un événement te causera de la tristesse, de recourir à cette maxime : « Ce n'est point un malheur d'éprouver des accidents, mais les supporter avec courage, c'est un bonheur. »

L

Une recette banale, mais pratique, pour mépriser la mort, c'est de songer aux vieillards qui ont le plus tenu à la vie. Quel avantage ont-ils sur ceux qui moururent jeunes? On doit sans doute trouver quelque part les tombeaux de Cadicien, de Fabius, de Julien, de Lépide[1] et de leurs pareils qui, après avoir porté tant d'autres au bûcher funèbre, y furent portés à leur tour. Toute vie est de courte durée, et encore dans quelles misères, dans quelle société, dans quel corps chétif se passe-t-elle? N'en fais donc pas une affaire? Regarde derrière toi le gouffre immense des temps, et devant toi un autre infini ; dans cette immensité, quelle est la différence de trois jours à trois siècles ?

LI

Suis toujours le plus court chemin ; c'est celui de la nature. Tu le suivras, si toutes tes paroles, toutes tes actions ne sont inspirées que par la droite raison. Cette ligne de conduite t'épargnera bien des peines, bien des conflits, et te dispensera d'user d'adresse et d'artifice.

1. Ces noms s'appliquent à tant de personnages de Rome que l'on ne saurait dire quels sont précisément ceux dont il s'agit ici.

LIVRE CINQUIÈME

I

Le matin, lorsque tu as de la peine à t'arracher au sommeil, fais aussitôt cette réflexion : « J'ai un travail d'homme à faire ; c'est pour cela que je m'éveille. Eh quoi ! je n'irai qu'à contre-cœur aux occupations pour lesquelles je suis né, pour lesquelles j'ai été envoyé dans ce monde ! N'ai-je été créé que pour rester chaudement au lit sous mes couvertures ? »

— « Mais, dis-tu, cela fait plus de plaisir. »

Est-ce donc pour avoir du plaisir que tu as reçu le jour ? N'est-ce pas en un mot pour agir et pour travailler ? Ne vois-tu pas les plantes, les petits oiseaux, les fourmis, les araignées, les abeilles s'appliquer à leur tâche, contribuer pour leur part à l'harmonie du monde ? Et toi, tu refuses de remplir tes fonctions d'homme ; tu ne cours pas au travail que la nature te prescrit ?

— « Mais, dis-tu encore, il faut bien prendre du repos. »

Oh ! sans doute. La nature cependant a mis des bornes à ce besoin, comme elle en a mis à celui de manger et de boire ; et tu dépasses ces bornes, tu vas au delà du besoin ; tandis que, dans le travail, tu agis autrement, tu restes en deçà du possible. C'est que tu ne t'aimes pas toi-même ; car, si tu t'aimais, tu aimerais aussi ta propre nature et ce qu'elle exige. Les artistes qui ont la passion de leur art se consument sur leur ouvrage, se privant de bains et de nourriture. Fais-tu moins de cas de ta nature que n'en fait un ciseleur de son industrie, un pantomime de son jeu, un avare de son argent, un petit-maître de ce qui flatte sa vanité? Quand ces gens-là ont une chose à cœur, ils ne songent ni à manger, ni à dormir, mais à mener à bien ce qui les passionne. Et toi, tu attaches moins d'importance aux actions d'un être sociable; tu les trouves moins dignes de tes soins?

II

Qu'il est facile de bannir de son esprit, d'y effacer toute pensée qui trouble ou importune l'âme, et de recouvrer en un instant le calme parfait!

III

Juge qu'il est de ta dignité de ne jamais dire ou faire que ce qui convient à ta nature. Que le blâme ou les propos d'autrui ne t'en imposent pas. Si la chose est honnête à faire ou à dire, crois qu'elle n'est point indigne de toi.

Les autres ont leur façon de parler, leurs sentiments personnels ; c'est leur affaire : n'y prends pas garde. Va droit ton chemin ; laisse-toi guider par ta propre nature et la nature commune. Il n'y a pour l'une et l'autre qu'une seule route.

IV

J'avance dans la route des devoirs que me prescrit la nature jusqu'à ce que je succombe et trouve le repos, jusqu'à ce que j'exhale mon dernier souffle dans cet air que je respire journellement, jusqu'à ce que je tombe sur cette terre d'où mon père a tiré la première substance de mon être, ma mère son sang, ma nourrice son lait ; sur cette terre qui depuis tant d'années me fournit chaque jour de quoi apaiser ma faim et ma soif, qui me porte pendant que je la foule sous mes pas et que j'abuse si souvent de ses dons.

V

On n'a pas lieu d'admirer en toi la vivacité d'esprit. Soit ; mais il y a bien d'autres choses sur lesquelles tu ne saurais dire : « Je n'y ai aucune aptitude ». De ce côté donc fais au moins tout ce qui dépend de toi. Sois sincère, grave, laborieux, continent, résigné à ton sort, content de peu, bienveillant, libre, simple, ennemi des frivolités, magnanime. Ne sens-tu pas combien voilà de choses que tu peux faire dès à présent, sans alléguer ton inaptitude et ton incapacité ? Cependant tu persistes volontairement dans ton inaction. Est-ce donc faute d'aptitude et par nécessité que tu es d'humeur chagrine, sordidement parcimonieux, que tu as de lâches complaisances, qu'après avoir accusé ton corps de tes défauts, tu le flattes, que tu es vaniteux, et que tu abandonnes ton âme à tant d'agitations?

Non, j'en atteste les dieux. Il n'a tenu qu'à toi d'être délivré depuis longtemps de ces défauts. Si tu es né avec l'esprit lent et dépourvu de facilité, tu pouvais au moins te rendre compte de ce défaut, et tu devais t'exercer à le corriger, au lieu de n'y attacher que peu d'attention et de te complaire dans ta stupide indolence

VI

Tel, après avoir rendu service à quelqu'un, se hâte de lui porter en compte cette faveur. Tel autre ne va pas jusque-là, mais au fond considère son obligé comme un débiteur, et il a toujours présent à sa pensée le service qu'il a rendu. Tel autre enfin semble même ignorer le service qu'il a pu rendre, de même que la vigne qui, après avoir porté du raisin, n'exige rien de plus, contente d'avoir produit le fruit qui lui est propre, de même que le cheval qui a fait une course, le chien qui a dépisté le gibier, l'abeille qui a fait du miel.

Le vrai bienfaiteur ne réclame rien, mais passe à quelque autre bonne action, comme fait la vigne qui, la saison venue, donne encore d'autres raisins.

— Faut-il donc être du nombre de ceux qui, pour ainsi dire, ne savent pas eux-mêmes ce qu'ils font?

— Sans doute.

— Mais, diras-tu, on ne peut s'empêcher de savoir ce que l'on fait; car c'est le propre de l'être social de sentir qu'il fait une action convenable à la société, et, par Jupiter, de vouloir même que son concitoyen le sente.

— Ce que tu dis est vrai; mais si tu interprètes à ta manière le sens de ma phrase, tu seras du nombre de ceux dont j'ai parlé d'abord, car ils ont, eux aussi, des raisons spécieuses qui les abusent. Si au contraire tu veux mieux entendre ce que j'ai dit, ne crains pas que cela te fasse jamais omettre quelque devoir de sociabilité.

VII

Prière des Athéniens : « Fais pleuvoir, ô bon Jupiter, fais pleuvoir sur les terres cultivées et les plaines de l'Attique. »

Ou bien il ne faut point prier, ou il faut prier ainsi, avec simplicité et d'un cœur généreux.

VIII

Ce qu'on dit communément d'un médecin : qu'il a ordonné à un malade de monter à cheval, ou de prendre des bains froids, ou de marcher pieds nus, on peut le dire aussi de la nature de l'univers : qu'elle a ordonné à tel homme une maladie ou une infirmité, ou une perte sensible, ou autre chose analogue. Dans le premier cas, en effet, ces mots « il a ordonné » signifient vraisemblablement : le médecin a mis en ordre les moyens propres à rétablir la santé du malade ; dans le second cas, ils signifient de même que la nature a mis ce qui arrive à chacun de nous dans l'ordre qui convenait à la destinée universelle ; et nous disons « convenait » dans l'acception de ce mot employé par les gens du métier, quand ils disent que les pierres de taille conviennent à un mur, ou à une pyramide, parce qu'elles s'arrangent bien les unes avec les autres pour former un certain tout.

En somme, il n'y a qu'une seule harmonie ; et de même que l'ensemble de tous les corps fait le monde entier tel qu'il est, de même le jeu de toutes les causes produit une condition particulière qu'on nomme destinée. Ce que je dis là, les plus ignorants le conçoivent. Ne disent-ils pas : « Son destin le portait ainsi ? » c'est dire : le portait par une immuable coordination des choses.

Recevons donc ce qui arrive comme nous recevons les ordonnances du médecin. Il y a certes dans ce qu'ils ordonnent bien des choses désagréables ; cependant nous nous y soumettons de bon gré, dans l'espérance de guérir. Regarde l'exécution et l'accomplissement de ce que la commune nature a jugé à propos d'ordonner, du même œil que ta santé. Soumets-toi de bon gré à tout ce qui arrive, quelque dur que cela paraisse, comme à une chose qui doit contribuer à la santé du monde, au succès des vues de Jupiter, et à son bon gouvernement; car il ne causerait d'accident à personne, s'il n'avait en vue les intérêts de l'univers. La nature commune ne produit jamais rien qui ne soit en parfaite convenance avec ce qu'elle gouverne.

Voici donc deux raisons pour toi de chérir ce qui t'arrive : la première, c'est que cela a été fait pour toi, coordonné pour toi, et qu'il t'appartenait, en quelque sorte, comme ayant été lié là-haut à ton existence par une suite de très anciennes causes; la seconde, c'est que ce qui a été affecté à chacun en particulier aide au succès des vues de Celui qui gouverne toutes choses, et contribue à donner à celles-ci de la perfection et même, par Jupiter, de la consistance. Car le grand Tout se trouverait mutilé, si tu pouvais retrancher une seule de ses parties qui le constituent, une seule des causes qui en assurent la continuité; or, tu fais, autant que tu le peux, ce retranchement, lorsque tu supportes avec peine un accident et que tu l'ôtes en quelque sorte du monde.

IX

Point de dégoût, de découragement, d'impatience, si toutes tes actions ne répondent pas toujours à tes bons principes. T'en es-tu écarté? reviens-y; estime-toi heureux, si en général tes actions ont été plus dignes d'un homme, et chéris cette philosophie à laquelle tu retournes. N'y reviens pas comme un écolier que l'on renvoie à son maître, mais comme quelqu'un qui, ayant mal aux yeux, va chercher une éponge et une œillère, comme quelque autre va chercher un cataplasme, un autre prendre une lotion. Ainsi tu n'affecteras pas de te conformer en tout à la raison, mais tu chercheras en elle de l'apaisement. Rappelle-toi que la philosophie ne veut que ce que veut ta nature ; et toi, tu voudrais autre chose en dépit de ta nature. De ces deux choses laquelle procure le plus de satisfaction? Car n'est-ce pas par là que les plaisirs nous allèchent? Eh bien ! vois si ce qui procure le plus de satisfaction n'est pas la grandeur d'âme, la liberté, la loyauté, la bienveillance, la sainteté des mœurs. Et qu'y a-t-il de plus agréable que la prudence, si tu considères que, découvrant les principes certains et les conséquences des choses, elle nous fait éviter l'erreur et réussir dans nos entreprises ?

X

Toutes choses sont couvertes, pour ainsi dire, d'un voile si épais, que plus d'un philosophe de mérite a pensé qu'il est absolument impossible d'en connaître le fond. Du reste les stoïciens eux-mêmes pensent que la connaissance en est au moins difficile ; et toutes nos opinions sont sujettes à se modifier, car où est l'homme qui ne varie pas ?

Passe maintenant aux objets que nous possédons. Qu'ils sont de peu de durée ! et qu'ils sont méprisables, puisqu'un débauché, une courtisane, un brigand peuvent les avoir en leur possession !

Porte ensuite tes regards sur les mœurs de ceux qui vivent avec toi : le plus agréable d'entre eux est à peine supportable ; que dis-je ? presque aucun d'eux ne peut se supporter lui-même.

Dans cette obscurité, cette fange, ce torrent qui emporte et la matière, et le temps, et le mouvement et tout ce qui se meut, je me demande ce qui peut mériter de l'estime ou le moindre attachement. On en est réduit au contraire à se consoler soi-même en attendant sa propre et naturelle dissolution, sans s'impatienter de son retard, et à s'en tenir tout uniment aux deux considérations que voici : premièrement, il ne m'arrivera rien qui ne soit conforme à la nature universelle ; secondement, il ne tient qu'à moi de ne rien faire contre mon dieu et mon génie ; car nulle puissance au monde ne peut me forcer à leur désobéir.

XI

Quel est en ce moment l'usage que je fais de mon âme ? C'est ce qu'il faut se demander en chaque occasion, et sur quoi il faut s'examiner. Que se passe-t-il actuellement dans cette partie de mon être qu'on appelle la directrice? Et cette âme que j'ai, quelle est-elle? N'est-ce pas l'âme d'un enfant? ou d'un jeune homme? ou d'une femmelette? ou d'un tyran? ou d'une bête brute? ou d'un animal féroce?

XII

Qu'est-ce que le vulgaire entend par le bien? Voici une remarque qui peut te l'apprendre.

Si on fait à quelqu'un la peinture de ce qui est essentiellement bon, par exemple de la prudence, de la tempérance, de la justice, de la force d'âme, il n'admettra pas volontiers que l'on ajoute à cette image un mot plaisant, parce qu'il le jugera inconvenant d'après l'idée qu'il s'est faite du bien. Mais si on lui peint ce que l'on entend communément par des biens, il admettra, et cela sans peine, qu'on ajoute à la peinture le bon mot d'un comique. Ainsi, par là le vulgaire montre qu'il sent les différences : car autrement il serait choqué de la plaisanterie et la trouverait déplacée. En effet, nous l'excusons tous, nous la trouvons bien placée et piquante, lorsqu'il s'agit des richesses, du luxe ou de la pompe d'une grande fortune.

Va donc, et demande s'il faut estimer et regarder comme de vrais biens des choses dont la peinture est susceptible de ce bon mot : « Il a chez lui tant de richesses qu'il ne lui reste pas de place pour faire une selle. »

XIII

Je suis composé d'un principe qui agit en moi comme cause et d'un élément purement matériel. Ni l'un ni l'autre ne seront anéantis, de même que ni l'un ni l'autre n'ont été faits de rien. Ainsi, toute partie qui est en moi sera transformée en quelque partie du monde, celle-ci se transformera à son tour en une autre partie du monde, et ainsi de suite jusqu'à l'infini. C'est par l'effet d'une de ces transformations que je suis né, que sont nés mon père et ma mère et mes ancêtres en remontant à l'infini. Rien n'empêche d'employer ici ce mot, bien que le gouvernement du monde soit assujetti à des révolutions fatales et périodiques.

XIV

La raison et le raisonnement sont des forces qui se suffisent à elles-mêmes et aux opérations qui leur sont propres. Elles ne tirent que d'elles-mêmes leur activité, et vont droit au but qui est devant elles : de là cette expression « sens droit », par allusion à la ligne droite toujours suivie par la raison.

XV

On ne doit considérer comme avantage personnel de l'homme aucun de ces prétendus biens qui n'ajoutent rien à la valeur de l'homme, en tant qu'homme. Ce ne sont pas là des attributs d'homme; la nature de l'homme ne les exige point, enfin ce ne sont pas des perfections de la nature de l'homme. Ainsi donc ce n'est pas en eux que réside la fin naturelle de l'homme, ni même ce qui lui permet d'atteindre cette fin, l'honnête. D'ailleurs, si quelqu'un d'eux était pour l'homme un mérite, ce ne serait pas un mérite de les mépriser, de les rejeter avec dédain ; quiconque ferait profession de s'en passer, que dis-je, se refuserait un seul d'entre eux, cesserait d'être estimable, si c'étaient de vrais biens. Mais, tout au contraire, plus on se prive volontairement de ces prétendus biens et de tout ce qui s'en rapproche, plus on se résigne à en être privé, plus on passe pour honnête homme.

XVI

Telle sera la nature ordinaire de tes idées, tel sera le fond de ton âme ; car notre âme s'imprègne de nos idées. Imprègne donc sans cesse la tienne de réflexions, par exemple, comme celles-ci : partout où l'on peut vivre, on y peut bien vivre ; on peut vivre à la cour : donc, à la cour on peut bien vivre aussi. De plus, chaque être se porte vers l'objet pour lequel il a été créé ; cet objet est sa fin, et ce n'est que dans sa fin qu'il peut trouver son avantage et son bien-être. Or, le bien-être d'un animal raisonnable est dans la société humaine ; car c'est pour vivre en société que nous avons été créés, point démontré depuis longtemps. N'est-il pas, en effet, évident que les êtres moins parfaits ont été créés pour ceux qui le sont davantage, et ceux-ci les uns pour les autres? Ce qui est animé vaut mieux que ce qui ne l'est pas, et parmi les êtres animés la supériorité appartient à ceux qui sont doués de raison.

XVII

Désirer l'impossible, c'est folie : or, il est impossible que les méchants ne fassent pas quelques méchancetés.

XVIII

Il n'arrive à personne rien qu'il ne soit naturellement capable de supporter. Voilà qu'à un autre il arrive les mêmes accidents qu'à toi, et, soit par défaut de sentiment, soit par ostentation de grandeur d'âme, il reste ferme et insensible aux coups de la fortune. N'est-il pas étrange que la stupidité et l'arrogance montrent plus de constance que la sagesse?

XIX

Ce ne sont pas le moins du monde les choses elles-mêmes qui affectent notre âme : elles n'ont pas d'accès jusqu'à l'âme ; elles ne peuvent opérer en elle ni changement, ni mouvement. C'est l'âme seule qui se modifie et se meut elle-même. Quant aux objets extérieurs, tels elle croit devoir les admettre dans son jugement, tels ils deviennent pour elle.

XX

Sous un point de vue, tout homme me touche de très près, et il est de mon devoir de lui faire du bien et de le supporter ; si cependant certains hommes mettent obstacle aux actions qui me sont propres, l'individu devient pour moi un être aussi indifférent que le soleil, le vent, ou une bête féroce qui pourraient aussi mettre obstacle à mon action ; mais aucun de ceux-ci n'en peut mettre au mouvement de mon cœur ni à ma volonté, parce que j'y ai mis une condition, et que je suis libre d'en transformer l'objet ; mon âme, en effet, a le pouvoir de transformer tout ce qui s'oppose à son activité et d'en faire l'objet principal de son action ; en sorte que ce qui arrête un ouvrage projeté devient l'ouvrage même, et que ce qui barre la route fait faire du chemin.

XXI

Honore dans l'univers ce qui en est la plus grande puissance : celle qui dispose de tout et qui gouverne tout. Pareillement, dans ta personne, honore la plus grande puissance : celle-ci est de la même nature que celle-là. C'est elle en effet qui dispose des autres choses qui sont en toi, et tient ta vie sous sa direction.

XXII

Ce qui n'est pas nuisible à la cité ne l'est pas non plus au citoyen. Adopte cette maxime pour règle toutes les fois que tu t'imagines avoir reçu une offense. Si cette offense n'atteint pas la cité, elle ne m'a pas atteint non plus ; si la cité en est atteinte, tu ne dois pas éclater de colère contre le coupable. A quoi te servirait-il de le regarder de travers ?

XXIII

Considère souvent la rapidité du torrent qui emporte tout ce qui existe et tout ce qui naît ; car la nature des choses ressemble aux eaux courantes d'un fleuve intarissable : ses œuvres ne sont que des transformations continuelles dont les causes mêmes résultent de mille changements ; rien pour ainsi dire n'est stable, même ce qui semble le plus assuré. Considère encore l'abîme incommensurable du passé et de l'avenir, dans lequel tout s'évanouit, et conclus. N'est-ce pas folie de s'enorgueillir de telles choses, ou bien de s'en tourmenter, de s'en indigner, comme si elles devaient durer fort longtemps ?

XXIV

Souviens-toi et de la nature universelle dont tu n'es qu'une très petite molécule, et de la continuité des temps dont tu n'as reçu en partage qu'une courte durée, à peine un instant, et du destin qui se compte pour une unité, mais combien petite !

XXV

Quelqu'un se rend coupable envers moi ? C'est son affaire : sienne est sa volonté, sienne son action. Pour moi, j'ai en ce moment ce que la commune nature veut que j'aie en ce moment, et je fais ce que ma nature individuelle exige que je fasse en ce moment.

XXVI

Que la partie essentielle de ton âme, faculté directrice et souveraine, ne se laisse pas émouvoir par les impressions douces ou rudes que la chair éprouve. Qu'au lieu de s'amalgamer avec la chair, elle se renferme chez elle, et qu'elle confine dans leur domaine les affections physiques. Si, par une sympathie dont la cause ne dépend pas d'elle, ces affections s'étendent jusqu'à l'esprit, par suite de son union avec le corps, il n'y a pas lieu de s'efforcer alors de repousser une sensation qui est dans l'ordre naturel ; mais que ta faculté directrice se garde de la prendre soit pour un bien, soit pour un mal.

XXVII

Vivre avec les dieux.

Celui-là vit avec les dieux qui en toute occasion leur fait voir une âme satisfaite de ses destinées, et docile aux inspirations du génie que Jupiter a donné à chacun de nous pour chef et pour guide, parcelle détachée de sa substance. Or, ce génie est notre esprit et notre raison.

XXVIII

Te mets-tu en colère contre quelqu'un qui sent le bouc ? Te mets-tu en colère contre celui qui a mauvaise haleine ? Que peuvent-ils y faire ? La bouche de l'un est ce qu'elle est ; les aisselles de l'autre sont ce qu'elles sont ; ils sont bien forcés, l'un et l'autre, d'exhaler une telle odeur. — Mais dira-t-on, l'homme est doué de raison ; il peut, avec de l'attention, reconnaître en quoi il se rend coupable. — Fort bien ! Par conséquent toi aussi tu es doué de raison : sers-toi donc de cette faculté pour exciter la sienne ; montre-lui son devoir, avertis-le de sa faute ; s'il te comprend, tu le guériras, et il est inutile de te fâcher.

Ne faire ni le tragédien, ni la courtisane.

XXIX

Tu peux vivre dès aujourd'hui comme tu te proposes de vivre au terme de tes jours. Si on ne t'en laisse pas la liberté, alors, sors de la vie, mais en homme qui n'éprouve aucun mal. La maison fume, je m'en vais. Est-ce là, penses-tu, une grosse affaire ? Tant qu'aucune raison semblable ne me force à sortir, je reste libre, et personne ne m'empêchera de faire ce que je veux. Or, je veux ce qui est conforme à la nature d'un être raisonnable et sociable.

XXX

L'esprit de l'univers est un esprit social. En conséquence, il a créé les êtres inférieurs pour les plus parfaits, et mis ceux-ci en accord les uns avec les autres. Tu vois comment il a su les subordonner, les coordonner, assigner à chacun d'eux des attributs suivant leur rang de dignité, et réunir en société les plus dignes par une conformité de sentiments.

XXXI

Comment jusqu'à ce jour t'es-tu comporté envers les dieux, envers tes parents, tes frères, ta femme, tes enfants, tes maîtres, tes gouverneurs, tes amis, tes intimes, tes serviteurs? Quand tu songes à eux tous, es-tu bien sûr de n'avoir jusqu'ici « manqué à aucun d'eux, ni en actions, ni en paroles[1] »?

Rappelle-toi quels événements tu as traversés, et ce que tu as eu la force de supporter. Songe que l'histoire de ta vie est complète, que tu es au bout de ta carrière. Combien de beaux exemples as-tu vus? Combien de fois as-tu dédaigné le plaisir et la douleur, combien de fois as-tu méprisé la vaine gloire? Envers combien d'hommes injustes t'es-tu montré équitable?

XXXII

Pourquoi des âmes incultes et ignorantes communiquent-elles leur trouble à une âme cultivée et instruite? Qu'est-ce donc qu'une âme cultivée et instruite? C'est celle qui connaît l'origine des êtres et leur fin, ainsi que cette sagesse qui pénètre la nature entière et préside au gouvernement du monde dans le cours des siècles, témoins d'évolutions fatalement réglées.

XXXIII

Dans un instant, il ne restera de toi que des cendres, des ossements desséchés, ou plutôt un

---

1. On ne saurait dire à quel poète ou à quel auteur Marc Aurèle emprunte cette citation.

nom, que dis-je ? pas même un nom : le nom n'est qu'un vain bruit, un écho. Ce qu'on estime le plus dans cette vie n'est que vanité, pourriture, misère : et cela fait songer à des chiens qui se battent et se déchirent à belles dents, ou à des enfants querelleurs qui rient et pleurent un moment après. La bonne foi, la pudeur, la justice et la vérité se sont enfuies « vers l'Olympe, loin de la surface de la terre[1] ». Qu'est-ce donc qui te retient encore ici-bas, puisque les objets sensibles n'ont ni consistance, ni stabilité ; puisque tes sens dépourvus de subtilité sont sujets à recevoir de fausses impressions ; que tes esprits vitaux ne sont qu'une vapeur du sang ; que la célébrité parmi ces hommes n'est qu'un rien ? Que faire donc ? Attendre patiemment que ton âme s'éteigne ou qu'elle émigre. Jusqu'à ce que ce moment arrive, que te faut-il pour vivre content, que d'honorer et bénir les dieux, faire du bien aux hommes, les supporter et t'abstenir de leur causer aucun tort, enfin te rappeler que tout ce qui est extérieur à ta misérable chair et au faible souffle qui l'anime n'est ni à toi, ni dépendant de toi.

XXXIV

Tu peux couler perpétuellement d'heureux jours, si tu veux suivre la bonne route, penser et agir avec droiture.

1. Citation d'Hésiode, *Travaux et Jours*, v. 195.

Il y a deux prérogatives communes à l'esprit de
Dieu et à celui de l'homme ainsi que de tout être
raisonnable : l'une, de n'être pas entravé par
autrui ; l'autre, de faire consister le bien dans des
intentions et des actions conformes à la justice, et
de borner là tous ses désirs.

XXXV

Pourquoi me tourmenter, si ce qui m'arrive
n'est ni un de mes vices, ni un effet de ma nature
vicieuse, et si l'ordre du monde n'en est pas
troublé? Or, comment en serait-il troublé?

XXXVI

Ne te laisse pas entraîner inconsidérément par
l'imagination ; mais viens en aide à tes semblables
dans la mesure de tes facultés et de leurs besoins,
bien qu'ils ne soient privés que du bien-être extérieur. Ne t'imagine pas cependant que cette privation soit un malheur, terme impropre passé en
usage. Mais prends pour exemple alors le vieux
gouverneur qui, étant hors de la maison, réclamait
la toupie de son élève, n'oubliant pas à quoi sert
une toupie[1]. Donc fais comme lui.

Quand tu déclames à la tribune aux harangues,
ô homme, as-tu oublié ce qu'est la déclamation?

---

1. Allusion à une fable ou à une scène de comédie qui nous est
inconnue.

— Non, dis-tu, mais ces gens-là en raffolent. — Eh quoi ! est-ce une raison pour que tu sois fou avec eux ? — Cela m'est arrivé plus d'une fois.

En quelque lieu que tu te trouves abandonné, tu peux être un homme heureux. Par homme heureux j'entends celui qui s'est fait à lui-même une bonne fortune, et par bonne fortune je veux dire de bonnes habitudes de l'âme, de bonnes aspirations. de bonnes actions.

LIVRE SIXIÈME

I

La matière constitutive de l'univers se prête avec docilité à toutes les combinaisons ; et la sagesse qui en dispose en souveraine n'a dans son essence aucun principe malfaisant. N'ayant aucune malice, elle ne fait aucun mal, ni rien de nuisible, mais elle veille à produire toutes choses et à les conduire à leur fin.

II

Quand tu fais ton devoir, ne te demande pas si tu as froid ou chaud, si tu as ou n'as pas besoin de dormir, si l'on te blâme ou si l'on t'applaudit, si tu vas mourir ou courir quelque danger. Le fait de mourir est une des actions de la vie, et en cela, comme dans tout le reste, l'essentiel est de bien faire ce qu'on fait dans le moment présent.

III

Examine à fond. Ne te méprends ni sur la qualité propre ni sur la valeur véritable d'aucune chose.

IV

Tout ce qui s'offre à ta vue aura bientôt changé d'état : les corps simples vont s'évaporer, les autres se résoudre en leurs divers éléments.

V

La sagesse qui gouverne le monde connaît sa propre nature ; elle sait ce qu'elle fait et tout ce qu'elle met en œuvre.

VI

Le meilleur moyen de se venger d'un mauvais sujet, c'est de ne pas lui ressembler.

VII

Que ton seul plaisir, ton seul délassement soit de passer successivement d'une action sociale à une autre action sociale, en te souvenant toujours de Dieu.

VIII

Ce qui nous gouverne est cette faculté que possède l'âme de s'exciter, de se diriger elle-même, de se composer elle-même selon sa volonté, de n'envisager tout ce qui arrive que sous le point de vue qu'elle veut.

IX

Toutes choses s'accomplissent suivant l'ordre de la nature universelle, et non suivant les lois de quelque autre nature qui pourrait l'envelopper extérieurement ou se renfermer dans son sein, ou être tout à fait indépendante d'elle.

X

Ou tout n'est qu'un amas confus d'éléments qui se combinent pêle-mêle et ensuite se dispersent, ou bien tout n'est qu'union, ordre et providence. Dans la première hypothèse, pourquoi souhaiter de rester plus longtemps au milieu de cet amalgame fortuit et d'une telle confusion? Quel autre souci dois-je avoir que de devenir terre[1], n'importe comment? Pourquoi m'alarmer? La force de dispersion m'atteindra, quoi que je fasse. Mais, dans la deuxième hypothèse, je m'incline avec respect et tranquillité devant Celui qui gouverne tout, et je place toute ma confiance en lui.

XI

Lorsque, sous l'empire des circonstances, tu éprouves involontairement une sorte de trouble, reviens à toi sans retard, et ne romps pas le

---

1. Il n'est pas bien nécessaire de voir ici une allusion à un vers d'Homère, *Iliade*, VII, v. 99. L'idée nous est assez familière à tous.

rythme de ta conduite plus longtemps qu'il ne faut. Tu seras d'autant plus maître de la r. sure que tu y reviendras plus constamment.

XII

Si tu avais une marâtre et avec elle ta mère, tu pourrais témoigner à celle-là du respect, mais tu reviendrais auprès de ta mère avec assiduité. C'est l'exemple de ce qu'est actuellement pour toi la cour et la philosophie : reviens donc souvent vers celle-ci, repose-toi dans ses bras ; c'est elle qui te fait trouver la cour supportable et qui te rend supportable à la cour.

XIII

Devant les mets exquis et autres aliments qu'on me sert, je suis en droit de me dire : ceci est un cadavre de poisson, cela un cadavre de poulet ou de porc ; ou encore ce falerne est un peu de jus de raisin ; cette robe de pourpre, un tissu de poils de brebis trempé dans de la couleur de sang extraite d'un coquillage. Quant aux plaisirs de l'amour, c'est *intestini frictio, mucique cum convulsione quadam excretio*[1].

Ces idées qui vont droit au fait et pénètrent à

1. Nous n'avons pas osé traduire ici en français le texte grec. On comprendra pourquoi.

fond les objets, donnent à connaître tout ce qu'ils sont.

Il faut en user ainsi sur toutes les choses de la vie. Sitôt qu'un objet se présente à l'imagination comme fort estimable, il faut le mettre à nu, considérer sa valeur intrinsèque, le dépouiller de tout ce qui lui donne une dignité d'emprunt. De brillants dehors sont de dangereux séducteurs ; et c'est lorsque tu crois l'attacher le plus fortement à une chose honnête qu'ils te font le plus d'illusion. Vois donc ce que Cratès et Xénocrate disent à ce sujet[1].

XIV

La plupart des choses que le vulgaire inculte admire se réduisent aux objets les plus communs qui le frappent par leurs propriétés constitutives ou végétatives, comme les pierres, le bois, les figuiers, les vignes, les oliviers. Les natures un peu plus cultivées font cas des êtres qui respirent, par exemple, du bétail, des gros troupeaux. Les gens plus éclairés encore estiment les êtres doués de raison, non toutefois de la raison universelle, mais plutôt de cette faculté qui les rend aptes aux arts ou à une industrie quelconque, ou bien ils désirent posséder une multitude d'esclaves, sans avoir d'autre objet que leur nombre. Mais celui qui apprécie l'intelligence suprême, raison qui gou-

1. Que disent-ils ? Les moyens de le savoir nous font défaut.

verne le monde et la société des hommes, ne fait aucun cas du reste ; il ne s'étudie qu'à régler toutes ses affections et ses mouvements sur ce qu'exigent de lui cette raison universelle et l'intérêt de la société, et qu'à aider ses semblables à faire de même.

XV

Ceci se hâte d'être, cela se hâte de n'être plus ; à peine a-t-on vu le jour, que déjà une partie de l'existence est éteinte. L'écoulement et la transformation des êtres renouvellent sans cesse le monde, de même que la succession continuelle des années fait paraître le temps éternellement nouveau.

Dans ce fleuve où tout passe si vite auprès de nous, et sur lequel il est impossible de s'arrêter, qui donc pourrait attacher à quelque chose quelque prix ? Ce serait se prendre d'affection pour un de ces oiseaux qui volent au-dessus de nos têtes ; en un instant on le perd de vue. La vie elle-même, pour chacun de nous, n'est en définitive qu'une vapeur du sang et un souffle d'air que nous respirons. L'air une fois aspiré, on l'exhale : c'est ce que nous faisons à tout instant : eh bien ! c'est aussi ce qui se passe quand tu exhales une fois pour toutes cette force de respiration que tu as acquise hier ou avant-hier : tu la restitues à la source d'où tu l'avais tirée.

XVI

Ce n'est pas être digne d'estime que de transpirer comme les plantes, ni de respirer comme les animaux domestiques ou sauvages, ni d'avoir l'imagination frappée par les impressions des sens, ni d'être comme une marionnette, en butte aux tiraillements des passions, ni de s'attrouper, ni de prendre de la nourriture, fonction du même ordre que celle d'opérer l'excrétion des aliments.

Qu'est-ce donc qui rend l'homme estimable? Est-ce d'être accueilli par de bruyants applaudissements? Non; ni par conséquent de l'être avec des acclamations, puisque les louanges que prodigue la multitude ne sont qu'un bruit de langues. Laissons donc là cette méprisable gloire.

Que reste-t-il enfin qui rehausse la dignité de l'homme? C'est, à mon avis, d'adapter sa conduite à l'organisation intérieure de son être, de s'en faire un objet unique, et de poursuivre le même but que les études et les arts.

Tout art en effet vise à n'accommoder chaque chose qu'à l'œuvre pour laquelle chaque chose est faite. Ainsi procèdent le jardinier, le vigneron et l'homme qui dompte un jeune cheval, et celui qui dresse un chien. D'ailleurs, dans l'éducation, dans l'enseignement qu'on nous donne, quel autre but se propose-t-on?

Voilà donc ce qui rend l'homme véritablement digne d'estime; et si tu parviens une fois à cette perfection, tout autre objet te deviendra indifférent.

Ne cesseras-tu pas d'attacher du prix à mille autres choses?

Ne seras-tu donc jamais libre, ni capable de te suffire à toi-même, ni exempt de trouble? Tu auras nécessairement de l'envie, de la jalousie, des soupçons contre ceux qui pourraient te ravir ces biens imaginaires ; tu tendras même des pièges à ceux qui possèdent ce que tu estimes tant. Or, il est impossible qu'avec de tels désirs on ne soit pas dans le trouble, et que même on ne murmure pas contre les dieux.

Si, au contraire, tu respectes et honores ton âme, tu seras toujours content de toi-même, agréable aux autres hommes et d'accord avec les dieux; oui, tu les béniras pour tout ce qu'ils t'envoient et pour tout ce qu'ils t'ont destiné.

XVII

En haut, en bas, en cercle : voilà dans quels sens se meuvent les éléments. Mais la vertu ne se meut dans aucune de ces directions. Elle est d'un ordre plus divin; elle a ses voies cachées, les suit, et arrive sûrement à son but.

XVIII

Quelle étrange façon d'agir que celle des hommes! Ils ne veulent pas louer leurs contemporains qui vivent au milieu d'eux; et ils attachent un grand prix aux louanges de la postérité, de gens qu'ils n'ont pas vus et ne verront pas.

C'est comme si tu songeais avec peine que les hommes des siècles passés n'avaient pas un mot d'éloge pour toi.

XIX

Si une chose te paraît difficile à exécuter, garde-toi de prétendre qu'elle est impossible à l'homme. Si, par contre, une chose est possible à l'homme, et du devoir de l'homme, songe qu'elle est aussi à ta portée.

XX

Dans les exercices, au gymnase, quelqu'un nous a égratignés ou blessés d'un coup de tête : nous n'en témoignons aucune indignation, nous ne nous tenons pas pour offensés, et dans la suite nous ne nous défions pas de cet homme comme d'un traître; nous nous gardons simplement de lui, mais non comme d'un ennemi; il n'est pas même l'objet d'un soupçon; nous nous contentons de l'éviter tout doucement. Qu'il en soit ainsi dans toutes les autres circonstances de la vie. Passons bien des choses à ceux qui, pour ainsi dire, s'exercent avec nous. Il nous est permis, comme je viens de le dire, d'éviter certaines gens, mais sans avoir ni soupçon ni haine.

XXI

Si quelqu'un peut me réprimander et me prouver que je pense ou me conduis mal, je me ferai un plaisir de me corriger ; car je cherche la vérité qui n'a jamais égaré personne; mais c'est vraiment s'égarer que de persister dans sa faute et son ignorance.

XXII

Pour moi, je fais ce qui est mon devoir, insensible à tout le reste, à des êtres ou inanimés ou dépourvus de raison, ou égarés et qui ignorent le bon chemin.

XXIII

Use des animaux, de la brute, et en général de toute chose, de tout objet en ta possession, avec dignité et liberté, comme un être raisonnable doit user de ce qui est dépourvu de raison. Mais, puisque les hommes ont la raison en partage, traite-les comme étant membre de leur société, et, en toute circonstance, invoque l'aide des dieux.

Ne te demande pas avec inquiétude combien de temps tu auras à vivre ainsi : ne vivrais-tu ainsi que trois heures, ce serait assez.

XXIV

Alexandre de Macédoine et son muletier ont été réduits au même état après leur mort: ou bien ils sont rentrés dans les mêmes éléments de la raison du monde, ou bien ils se sont également dispersés en atomes.

XXV

Songe combien, durant le même instant, il se passe à la fois de choses diverses en chacun de nous, dans notre corps en même temps que dans notre âme, et ainsi tu ne seras pas étonné que beaucoup plus de choses, que dis-je? que toutes choses se passent en même temps dans l'être unique et universel, que nous appelons le monde.

XXVI

Si l'on te demande comment s'écrit le nom d'Antonin, est-ce que tu vas te roidir pour en épeler toutes les syllabes ? Quoi donc! si alors on se fâche, te mettras-tu aussi en colère? N'épelleras-tu pas plutôt le nom tranquillement, lettre par lettre ?

De même, souviens-toi que tout devoir ici-bas se compose d'un certain nombre d'actions suivies: il faut les accomplir sans se troubler, ne point s'indigner contre ceux qui s'indignent, et aller droit à ses fins.

XXVII

Il y a en quelque sorte de l'inhumanité à ne pas permettre aux hommes de se porter vers ce qui leur paraît être à leur convenance et de leur intérêt. Cependant tu sembles ne pas le leur permettre, lorsque tu t'indignes de leurs fautes. Ils ne se portent, je le répète, que vers ce qui leur semble à leur convenance et de leur intérêt.

— Oui, diras-tu, mais ils se trompent.

— Eh bien ! détrompe-les, et instruis-les sans t'indigner.

XXVIII

La mort met fin à la rébellion des sens, à la violence des passions, aux écarts de la pensée, à la servitude que la chair nous impose.

XXIX

Il est honteux que, dans cette phase de ta vie où ton corps ne faiblit pas, ton âme avant lui succombe de faiblesse.

XXX

Prends garde d'abuser de ton titre de César, de te laisser corrompre, malheur assez ordinaire. Persiste donc à vouloir être simple, bon, intègre, grave, sérieux, juste, religieux, bienveillant, affable, ferme dans la pratique de tes devoirs.

Redouble d'efforts afin de demeurer tel que la philosophie a voulu te former. Révère les dieux, oblige les hommes. La vie est courte : le seul avantage que nous procure l'existence sur cette terre, c'est de posséder la vertu dans notre cœur et d'agir pour le bien de la société.

En toutes choses, montre-toi le vrai disciple d'ANTONIN. Imite sa constance à ne faire que ce qui est conforme à la raison, l'égalité de son caractère en toutes circonstances, sa piété, la sérénité de son visage, sa mansuétude, son aversion pour la vaine gloire, son ardeur à prendre en main les affaires. Il ne laissait rien passer sans l'avoir examiné à fond et en avoir conçu une idée nette. Il endurait patiemment les reproches injustes qu'on lui adressait, et n'y répondait pas par d'autres reproches. Il ne faisait rien à la hâte, n'écoutait pas la délation, se renseignait sur les mœurs et les actions de tout le monde avec un soin minutieux. On ne voyait en lui ni insolence, ni timidité, ni défiance, ni pédantisme. Comme il se contentait de peu ! témoin son appartement, son lit, ses vêtements, sa table, le personnel à son service. Rappelle-toi son activité, sa patience dans le travail: grâce à la simplicité de son régime, il pouvait rester à la même place jusqu'au soir, sans se déranger même pour des besoins naturels en dehors des heures habituellement fixées. Toujours constant et sans aucune variation dans ses amitiés, il ne trouvait pas mauvais que l'on contredît avec liberté ses opinions ; et, si on lui proposait une idée meilleure que la sienne, il l'adoptait avec plaisir. Rappelle-toi enfin sa piété profonde, exempte de superstition, et fais en sorte que ta dernière heure te trouve sans remords et dans les mêmes sentiments que lui.

XXXI

Reviens de ton hallucination, et rappelle tes esprits. Réveille-toi, et rends-toi compte de ce qui te troublait : ce n'étaient que des rêves. Maintenant que tu es réveillé, considère ce qui te trouble, comme tu as considéré l'objet de tes rêves.

XXXII

Je suis composé d'un corps chétif et d'une âme. Tout est indifférent au corps, puisqu'il est incapable de rien discerner. Quant à mon esprit, tout ce qui n'est pas ses propres opérations lui est indifférent, et tout ce qui est ses propres opérations dépend de lui : ce qui ne doit s'entendre que de ses opérations présentes, car, pour ce qui est de ses opérations à venir ou passées, elles lui sont indifférentes actuellement.

XXXIII

Ni la main ni le pied ne font un travail au-dessus de leur nature, tant que le pied ne fait que les fonctions du pied, et la main celles de la main. De même l'homme, en tant qu'homme, ne fait pas un travail au-dessus de sa nature, tant qu'il s'acquitte des devoirs de l'homme. Et, si cela

n'est pas au-dessus de sa nature, cela n'est pas
non plus un mal pour lui.

XXXIV

Dans quelles voluptés les brigands, les débauchés, les parricides, les tyrans ne se sont-ils pas vautrés ?

XXXV

Ne vois-tu pas comment agissent les gens tant soit peu versés dans un art ? Si jusqu'à un certain point ils se conforment aux volontés de particuliers ignorants, ils ne s'en tiennent pas moins aux règles de leur profession, et ne s'en laissent point écarter. N'est-il pas étonnant qu'un architecte, un médecin aient plus de respect pour les règles de leur art que l'homme n'en a pour sa raison, prérogative qu'il possède en commun avec les dieux ?

XXXVI

L'Asie, l'Europe ne sont que de petits coins du monde. L'ensemble des mers n'est qu'une goutte d'eau dans l'univers, et le mont Athos qu'une petite motte de terre ; l'ensemble des siècles n'est qu'un point dans la durée des temps. Toutes choses sont petites, inconsistantes, périssables; toutes viennent de la même source, de la raison universelle, soit directement, soit par voie de conséquences. Ainsi donc même la gueule du lion, même les poisons et tout ce qu'il y a de nuisible sont, comme les épines et la boue, les appendices nécessaires de la magnificence et de la beauté de la nature. Ne t'imagine donc pas que ce soient là des choses étrangères à Celui que tu adores ; mais reporte ta pensée jusqu'à la source de tout.

XXXVII

Qui a vu ce qui est dans le temps présent a vu tout, et ce qui fut dans le passé et ce qui sera dans l'avenir ; car toutes choses persistent dans leur propre nature et présentent toujours le même aspect.

XXXVIII

Réfléchis souvent à l'indissoluble liaison de toutes choses dans le monde, et à l'intime rapport qui existe entre elles ; car elles sont toutes, pour ainsi dire, entrelacées les unes avec les autres, et par suite il règne entre elles une étroite sympathie : l'une se porte vers l'autre par l'effet de la tendance, du concours et de l'union de toutes les parties de la matière.

XXXIX

Plie-toi aux affaires que le sort t'a assignées, et, quels que soient les hommes avec lesquels tu es appelé à vivre, aime-les, mais véritablement.

XL

Un instrument, un outil, un ustensile quelconque qui se prête à l'usage pour lequel il a été fait est bien ; cependant l'ouvrier qui l'a fait s'en est dessaisi et désintéressé. Il en est autrement des êtres que la nature porte dans son sein : la puissance qui les a formés réside et persiste à agir en eux. C'est pourquoi tu dois la révérer davantage, et croire que, si tu te conduis selon sa volonté, tu assures ton bonheur. C'est ainsi que même l'être universel trouve dans l'accomplissement de ses desseins le bonheur parfait.

XLI

Admettons que tu considères comme un bien ou un mal quoi que ce soit de ce qui ne dépend pas de ta volonté : si ce prétendu mal t'arrive, ou si ce prétendu bien t'échappe, voilà que tu éclates nécessairement en reproches contre les dieux, et que tu prends en aversion les hommes, auteurs véritables ou présumés de ta malchance ou de ton malheur. La lutte même qui s'engage à propos de ces biens et de ces maux prétendus nous fait commettre mille injustices. Si au contraire nous ne faisons consister les biens et les maux que dans ce qui dépend de nous-mêmes, il ne nous restera aucun prétexte ni pour accuser les dieux, ni pour nous révolter contre l'homme.

XLII

Tous nous coopérons à l'accomplissement d'un seul et même dessein, les uns le sachant et le comprenant bien, les autres ne s'en doutant pas. C'est ainsi que, si je ne me trompe, Héraclite prétend que ceux même qui dorment sont des travailleurs, des ouvriers qui contribuent en quelque chose à ce qui se fait dans le monde[1]. L'un contribue d'une façon, l'autre d'une autre. Celui qui murmure contre les accidents de la vie, qui essaie de les conjurer et de les éluder, y contribue également; car l'ordre général du monde nécessitait l'intervention d'un tel coopérateur. Vois donc enfin dans quelle classe de travailleurs tu veux te ranger. Quelque parti que tu prennes, Celui qui administre l'univers saura bien se servir de toi : il te rangera toujours dans une classe de ses ouvriers et avec les êtres qu'il utilise à son ouvrage. Mais toi, ne sois pas dans l'ensemble de ces ouvriers ce qu'est dans une comédie le vers plat et ridicule cité par Chrysippe[2].

1. Pour contrôler cette assertion, nous manquons de documents.
2. Plutarque, dans ses *Communes conceptions contre les Stoïques*,

XLIII

Le soleil se mêle-t-il de remplir les fonctions de la pluie, et Esculape celles de la terre féconde? Que dire de chacun des astres? N'ont-ils pas des attributions différentes, et cependant ne concourent-ils pas à un but commun?

XLIV

Si les dieux ont délibéré sur moi et sur ce qui doit m'arriver, leur décision ne peut avoir été que bonne ; car il n'est pas facile même d'imaginer un dieu dépourvu de sagesse. Du reste, pour quel motif auraient-ils résolu de me faire du mal? Quel avantage pouvaient-ils en retirer soit pour eux-mêmes, soit pour cet univers, principal objet de leur soin?

En supposant qu'ils n'ont pas délibéré particulièrement sur moi, ils ont du moins arrêté un plan général ; et, puisque tout ce qui m'arrive est une suite nécessaire de ce plan, mon devoir est de bien accueillir tout et de m'y résigner.

Si enfin (supposition impie) les dieux ne délibèrent sur rien, alors, qu'il n'y ait plus de notre

---

ch. xv, cite textuellement les paroles de Chrysippe : « Tout
« ainsi, dit-il, que les comédies ont quelquefois des épigrammes
« ou inscriptions ridicules, lesquelles ne valent rien quant à elles,
« mais néanmoins elles donnent quelque grâce à tout le poëme :
« aussi est bien à blasmer et ridicule le vice quant à luy, mais
« quant aux autres il n'est pas inutile. » (*Trad. d'Amyot.*)

part ni sacrifices, ni prières, ni serments, ni aucune de ces pratiques religieuses dont chacune s'adresse aux dieux considérés comme étant présents et vivant au milieu de nous ; mais, dans cette supposition que les dieux ne veillent à rien de ce qui nous concerne, il m'est libre de délibérer sur moi-même, et ma délibération ne peut avoir pour objet que mon intérêt. Or, l'intérêt de chaque individu est de veiller à sa propre constitution et à sa nature particulière. Eh bien ! par ma nature, je suis un être raisonnable et sociable. J'ai pour cité, pour patrie, en tant qu'Antonin, Rome, et en tant qu'homme, le monde. En conséquence, il n'y a de vrais biens pour moi que ceux qui servent les intérêts de ces deux cités.

XLV

Tout ce qui arrive à chacun est utile à l'univers. Ce serait en dire assez. Cependant observe les choses avec attention, et tu verras encore ceci : c'est que tout ce qui arrive à un homme est utile à d'autres hommes. Mais que l'on attribue ici au mot « utile » le sens que lui donne le vulgaire en parlant de choses indifférentes, de ce qui n'est au fond ni un bien ni un mal.

XLVI

Les représentations données à l'amphithéâtre et sur d'autres scènes du même genre t'importunent, parce qu'elles sont toujours pareilles et que l'uniformité de ce spectacle finit par t'en dégoûter : il doit t'en arriver autant toute la vie, car en haut comme en bas tout se passe et se produit dans le monde avec une perpétuelle uniformité. Jusques à quand donc?

XLVII

Songe sans cesse combien il est mort d'hommes de toutes sortes, de toutes professions, de tous pays. Descends depuis l'origine des temps jusqu'à l'époque de Philistion, de Phébus, d'Origanion[1]. Considère maintenant les autres races d'hommes.

Ainsi donc il faut que nous allions là où nous ont précédés tant d'orateurs éminents, tant de graves philosophes, les Héraclite, les Pythagore, les Socrate; tant de héros de l'antiquité ; après eux, tant de généraux et de rois, et avec ceux-ci les Eudoxe, les Hipparque, les Archimède[2] et d'autres personnages qui se sont distingués par la finesse de leur esprit, l'élévation de leurs pensées, leur amour du travail, par leur scélératesse, leur présomption, par leurs railleries au sujet même de la vie des hommes si courte et si éphémère, par

---

1. Noms de médecins dont les deux derniers sont inconnus. Philistion de Locres avait composé, dit-on, les livres *sur la diète* qui se trouvent dans la collection des œuvres d'Hippocrate.
2. Mathématiciens fameux, le dernier surtout. Eudoxe fut un disciple de Platon; Hipparque vivait à l'époque de Ptolémée Philadelphe.

exemple Ménippe[1] et tant d'autres comme lui. Songe à eux tous, songe que depuis longtemps ils sont morts. Mais qu'y a-t-il là de fâcheux pour eux, et par conséquent pour tant d'autres dont les noms sont oubliés?

Il n'y a en définitive ici-bas qu'une seule chose digne de nos efforts, c'est de pratiquer la vérité et la justice, et de traiter avec indulgence les menteurs et les hommes injustes au milieu desquels nous vivons.

XLVIII

Quand tu voudras éprouver de la joie, songe aux qualités de ceux qui vivent avec toi, par exemple à l'activité de celui-ci, à la modestie de celui-là, à la générosité de quelqu'un d'eux, enfin à telle ou telle qualité de tel ou tel autre. Rien ne cause autant de joie à l'âme que l'image des vertus qui éclatent dans les mœurs de ceux qui vivent avec nous, lorsqu'on les groupe aussi nombreuses que possible devant soi. Aie donc toujours ce tableau sous les yeux.

XLXIX

Es-tu désolé de ne peser que tant ou tant de livres, et de n'en pas peser trois cents? Eh bien! ne te désole pas non plus de n'avoir que

---

1. Philosophe satirique souvent mis en scène par Lucien.

tant ou tant d'années à vivre, et pas davantage.
Tu acceptes avec résignation la quantité de matière
qui t'a été dévolue; résigne-toi également à la
durée de ta vie.

L

Essaie de gagner les autres par la persuasion,
mais fais, même malgré eux, ton devoir toutes les
fois que la justice le commandera. Si cependant
on a recours à la force pour t'en empêcher, résigne-
toi sans impatience, et que la contrainte que tu subis
t'excite à une autre vertu. Souviens-toi que ton
dessein n'était que conditionnel, et que tu ne vou-
lais pas l'impossible. Que voulais-tu donc? Faire
un effort vers le bien. Ce but, tu l'atteins. Nos
efforts, pour être contrariés, n'en sont pas moins
des efforts.

LI

L'ambitieux fait dépendre son bonheur de
l'action d'autrui; le voluptueux, de ses passions;
le sage, de ses actes personnels.

LII

Au sujet de telle ou telle affaire, il m'est loisible
de ne rien présumer et d'éviter ainsi le trouble de
l'âme; car les choses n'ont pas par elles-mêmes la
vertu de nous imposer des jugements.

LIII

Prends l'habitude d'écouter sans distraction tout ce qu'un autre dit, et de pénétrer autant que possible dans l'âme de celui qui parle.

LIV

Ce qui n'est point utile à la ruche ne l'est pas non plus à l'abeille.

LV

Si les matelots refusaient obéissance au pilote, ou les malades au médecin, à quel autre obéiraient-ils? Ou comment celui-là pourrait-il mener à bon port les passagers, et celui-ci rendre la santé à ceux qu'il soigne?

LVI

Que de gens avec lesquels j'étais entré dans le monde en sont déjà sortis !

LVII

Ceux qui ont la jaunisse trouvent au miel un goût amer; ceux qui ont été mordus par un animal enragé ont peur de l'eau; et les petits enfants trouvent la moindre balle jolie. Pourquoi alors me fâcher ? Est-ce que tu t'imagines que l'erreur ait moins d'influence sur les hommes que la bile sur celui qui a la jaunisse, et le virus sur celui qui est atteint de la rage?

LVIII

Personne ne t'empêchera de vivre selon les principes de ta nature ; il ne t'arrivera rien qui ne soit dans l'ordre de la commune nature.

LIX

A quelle sorte de gens ces hommes veulent-ils plaire? Qu'y ont-ils à gagner? Quel genre de moyens emploient-ils? Ah ! le temps ne tardera pas à tout engloutir : que de choses il a englouties déjà !

LIVRE SEPTIÈME

I

Qu'est-ce que la méchanceté ? — C'est ce que tu as vu souvent. Ainsi toutes les fois que l'occasion s'en présentera, dis-toi aussitôt : « Cela, je l'ai vu souvent. » Partout, en haut comme en bas, tu trouveras les mêmes méfaits : ils abondent dans les histoires anciennes, modernes, contemporaines ; ils abondent dans les villes, dans les familles. Rien de nouveau : tout est bien connu et de faible durée.

II

Comment par hasard tes principes peuvent-ils s'éteindre, si les idées qui y correspondent, et qu'il dépend de toi d'entretenir sans cesse, ne s'éteignent pas ? Je suis maître de penser ce qu'il convient sur tel ou tel objet. Si j'en suis maître, pourquoi me troubler ? Tout ce qui est en dehors de mon âme n'a aucun empire sur elle. Pense ainsi, et te voilà droit.

Il est en ton pouvoir de revivre : revois les

choses comme tu les as vues antérieurenent ; car cela, c'est revivre.

III

Goût des représentations pompeuses, goût frivole : le spectacle de comédies sur la scène, d'un défilé de petits et de gros animaux, des combats de gladiateurs vaut-il celui d'un os que l'on jette à des chiens, d'un morceau de pain qu'on lance à des poissons qui le happent, de l'activité des fourmis qui transportent leurs fardeaux, du va-et-vient de souris qu'on épouvante, ou de marionnettes mues par des cordes?

Si donc il faut que tu assistes à ces représentations, apportes-y un air de bonté, sans aucune arrogance : cependant dis-toi bien que chaque homme ne mérite d'estime qu'autant que ce qu'il affectionne est estimable.

IV

Interprète bien les mots dans ce que l'on dit, et les intentions dans ce que l'on fait. D'une part, vois promptement à quel but on vise ; de l'autre distingue le sens exact des expressions.

V

Ai-je ou non assez d'intelligence pour faire cet ouvrage ? Si j'en ai assez, je vais m'en servir comme d'un instrument qui m'a été donné par la nature universelle ; si je n'en ai pas assez, je vais ou bien laisser l'ouvrage à celui qui peut le faire mieux que moi, pourvu que ce ne soit pas un de mes devoirs exclusifs, ou bien le faire comme je pourrai, en prenant un aide capable de travailler sous ma direction à une œuvre que m'imposent actuellement la circonstance et l'utilité publique. Car tout ce que je fais par moi-même, ou avec l'aide d'autrui, doit avoir uniquement pour objet les intérêts et le bon ordre de la société.

VI

Que de personnages jadis célèbres sont déjà tombés dans l'oubli ; et que de gens qui les célébraient sont depuis longtemps disparus !

VII

Ne rougis pas de te faire aider. Tu as ton devoir à faire comme un soldat qui monte à la brèche. Que ferais-tu donc, si, étant blessé à la jambe, tu ne pouvais monter seul, mais que cela te fût possible avec l'aide d'un autre ?

VIII

Ne te tourmente pas de choses à venir. Tu les affronteras, si c'est nécessaire, avec le secours de la même raison qui t'éclaire sur les choses présentes.

IX

Toutes choses, entrelacées les unes dans les autres, forment un enchaînement divin ; et il n'y en a peut-être aucune qui soit indépendante d'une autre. Toutes sont subordonnées, et leur ensemble constitue la beauté du même monde. Car il n'y a qu'un seul monde qui embrasse tout, un seul Dieu qui est partout, une seule matière élémentaire, une seule loi qui est la raison commune de tous les êtres intelligents, et une seule vérité, de même qu'il n'y a qu'un seul état de perfection pour les créatures du même genre, et pour les êtres qui participent à la même raison.

X

Tout ce qui est matériel disparaît bientôt dans la masse de la matière universelle ; tout ce qui agit comme cause particulière est bientôt repris par la raison primordiale de l'univers ; et le souvenir de tout est enseveli par le temps comme dans un tombeau.

XI

Dans l'animal raisonnable, la même action qui est conforme à sa nature, l'est aussi à sa raison.

XII

Sois droit ou redressé.

XIII

Le rapport d'union qui existe entre les membres d'un seul et même corps existe aussi entre les êtres raisonnables, quelque séparés qu'ils soient les uns des autres, car ils ont été organisés pour coopérer à une même œuvre. Tu te pénétreras davantage de cette pensée, si tu te répètes souvent : « Je suis un membre du corps formé des êtres raisonnables. » Mais si tu te dis simplement que tu fais partie de la société humaine, c'est que tu n'aimes pas encore du fond du cœur tous les hommes ; c'est que tu n'éprouves pas encore une véritable joie à leur faire du bien ; c'est que tu leur en fais encore par pure bienséance ; c'est que tu ne traites pas encore chacun d'eux comme un autre toi-même.

XIV

Arrive ce qui voudra du dehors à ces organes qui peuvent être affectés par un tel accident. Qu'ils en souffrent ; ils s'en plaindront, s'ils veulent. Pour moi, si je ne pense pas que cet accident soit un mal, je ne suis pas encore blessé. Or, il dépend de moi de ne pas le penser.

XV

Quoi qu'on fasse ou qu'on dise, il faut que je sois homme de bien, de même que l'or, ou l'éme-

raude, ou la pourpre répéteraient sans cesse:
« Quoi qu'on fasse ou qu'on dise, il faut que je
sois émeraude, il faut que j'aie mon éclat. »

XVI

L'esprit, notre guide, ne se trouble jamais par
son propre fond, je veux dire qu'il ne se cause à
lui-même aucune crainte, qu'il n'éprouve aucune
passion. Si quelque agent étranger peut lui causer de la crainte ou de la peine, qu'il le fasse;
mais, pour lui, jamais il ne s'affectera ainsi par
ses propres opinions.

Que notre misérable corps se garantisse de la
douleur, s'il le peut, et, s'il souffre, qu'il se
plaigne; mais que notre pauvre âme, celle qu'on
épouvante, qu'on attriste, et qui se prononce en
définitive sur ce qu'elle éprouve, y reste insensible. On ne saurait, en effet, lui persuader qu'il y
ait là un mal.

Tant que notre âme se possède, et qu'elle ne se
prive pas elle-même de ses ressources, elle se suffit.
Oui, elle est imperturbable et libre, et si elle
éprouve des troubles et rencontre des obstacles,
c'est qu'elle le veut bien.

XVII

La félicité, c'est de posséder un bon génie ou
une droite raison. Que fais-tu donc ici, ô mon
imagination? Retire-toi, au nom des dieux, comme

tu es venue ; car je n'ai pas besoin de toi. Tu es venue selon ta vieille habitude; je ne t'en veux pas, mais, en un mot, va-t'en.

XVIII

On redoute son changement d'état ? Mais quelle chose peut-elle se faire sans un changement d'état ? Y a-t-il rien de plus conforme au goût, aux habitudes de la nature universelle ? Toi-même, pourras-tu prendre un bain chaud, si le bois ne change pas d'état; pourras-tu te nourrir, si tes aliments ne se transforment pas ? Enfin est-il possible que rien d'utile puisse se faire sans une transformation ? Ne vois-tu donc pas qu'il en est de toi comme du reste, et que ton changement d'état est également nécessaire à la nature universelle ?

XIX

Tous les corps passent comme un torrent à travers la substance de l'univers. Ils sont nés avec lui et concourent à l'aider dans son œuvre, comme nos organes s'aident mutuellement.

Que de Chrysippes, que de Socrates, que d'Épictètes le temps a déjà engloutis ! Fais la même réflexion sur toute personne, sur toute chose.

XX

Il n'y a qu'une seule chose qui m'inquiète, c'est la crainte de faire ce que la nature de l'homme ne veut pas, ou comme elle ne le veut pas, ou ce qu'elle ne veut pas pour le moment.

XXI

Encore un instant, et tu auras oublié tout ; encore un instant, et tous t'auront oublié.

XXII

Il est du devoir de l'homme d'aimer même ceux qui l'offensent.

Tu les aimeras, si tu viens à penser qu'ils sont pour toi des frères ; que, s'ils sont coupables, c'est par ignorance et malgré eux ; que dans peu de temps vous serez morts les uns et les autres ; et surtout que l'on ne t'a point fait de mal, puisqu'on n'a pas rendu ton âme pire qu'elle n'était auparavant.

XXIII

La nature universelle traite la matière commune de toutes choses comme une cire molle. Tout à l'heure elle a modelé le corps d'un cheval, puis elle a détruit son ouvrage et en a mêlé les éléments à d'autres pour faire un arbre, et ainsi de suite pour faire un homme, pour faire un autre être quelconque ; et chacun de ces êtres n'a subsisté qu'un instant. Mais quoi ! il n'y a pas plus de mal pour un coffre à être défait qu'à être monté.

XXIV

L'altération des traits causée par la colère est assurément contraire à la nature. Si elle se reproduit souvent, la physionomie perd son expression, ou le teint finit par se flétrir et ne peut plus recouvrer son éclat. Vois en cela même une preuve que la colère est aussi contraire à la raison. Si d'ailleurs cette passion te fait perdre le sentiment de tes fautes, qu'as-tu affaire de vivre plus longtemps?

XXV

Tous les objets que tu as sous les yeux, la nature va bientôt les transformer ; de leur substance elle en formera d'autres, et de la substance de ceux-ci d'autres encore, afin que le monde ait une éternelle jeunesse.

XXVI

S'il arrive que quelqu'un manque d'égards envers toi, demande-toi aussitôt quelle opinion il a dû se faire de ce qui est bien et de ce qui est mal pour s'être porté à cette faute. Une fois édifié sur ce point, tu n'éprouveras envers lui qu'un sentiment de compassion, sans témoigner ni étonnement ni colère. Il est possible en effet que l'opinion que tu as sur le bien soit semblable ou presque semblable à la sienne ; en ce cas, tu dois lui pardonner. Et si son opinion sur le bien et sur le mal n'est pas du tout la tienne, tu n'en auras que plus d'indulgence pour un homme qui simplement s'aveugle.

XXVII

Ne pense pas aux choses qui te manquent comme si tu les possédais déjà. Mais choisis parmi les choses que tu possèdes celles que tu aimes le mieux, et, en les considérant, demande-toi ce que tu ferais pour te les procurer si tu ne les avais pas. Cependant prends garde, à cause du plaisir qu'elles te font, de t'y habituer et de les estimer au point d'éprouver du tourment, si un jour elles venaient à te manquer.

XXVIII

Recueille-toi en toi-même. Il est dans la nature de la raison, qui te sert de guide, de se suffire à elle-même, pourvu qu'elle pratique la justice. A cette condition, elle jouit d'une parfaite tranquillité.

XXIX

Efface dans ton esprit ce qui n'est que pure imagination.

Maîtrise la fougue de tes passions.

Assigne une limite au temps présent.

Reconnais ce qui est convenu soit pour toi, soit pour un autre.

Distingue et sépare dans l'objet qui t'occupe son principe de sa substance.

Pense à ta dernière heure.

Quelqu'un a-t-il commis une faute : laisse la faute où elle est.

XXX

Que ton intelligence suive avec attention tout ce que l'on dit ; qu'elle pénètre les faits et leurs causes.

XXXI

Donne pour parure à ton âme la simplicité, la modestie et l'indifférence pour tout ce qui tient le milieu entre la vertu et le vice. Sois l'ami du genre humain. Obéis à Dieu ; car, dit le poète[1], « tout est soumis à ses lois ».

— Mais s'il n'y a que les atomes élémentaires ?

En ce cas, il suffit de te rappeler que tout est assujetti à des lois constantes, du moins à très peu d'exceptions près.

XXXII

De la mort. Ou c'est une dispersion, si je ne suis qu'un composé d'atomes, ou c'est l'union

---

1. Inconnu.

avec mon principe ; en tout cas, c'est une extinction, ou le passage d'une vie dans une autre.

XXXIII

De la douleur. Si elle est insupportable, elle tue; si elle dure longtemps, elle est supportable ; l'âme qui alors se ressaisit conserve sa tranquillité, et la raison, notre guide, n'en subit aucune altération.

Quant aux organes affectés par la douleur, qu'ils s'en plaignent, s'ils le peuvent.

XXXIV

De la gloire. Considère les pensées de ces gens-là, vois ce qu'elles sont, de quels objets elles se détournent, à quels objets elles s'attachent, et fais cette réflexion : de même que le sable du bord de la mer est caché par le nouveau sable que les flots apportent, et celui-ci par d'autre, de même en ce monde, ce qui survient efface bientôt la trace de tout ce qui a précédé.

XXXV

Mot de Platon. « Crois-tu qu'un homme, doué
« de grandeur d'âme et d'une vue assez puis-
« sante pour contempler à la fois l'immensité des
« temps et l'ensemble des êtres, regarde la vie
« humaine comme un bien considérable ? — Cela

« ne se peut, dit-il. — Ainsi donc un tel homme
« ne pensera pas que la mort soit un mal ? —
« Non sans doute[1]. »

XXXVI

Mot d'Antisthène. « C'est chose royale de faire
le bien, et d'entendre dire du mal de soi[2]. »

XXXVII

C'est une honte que le visage obéisse, qu'il se
maintienne et se compose comme il plaît à l'âme,
et que l'âme elle-même ne sache pas se maintenir
et se composer à son gré.

XXXVIII

« Il n'est pas besoin de s'irriter contre les circonstances : elles sont sourdes à notre colère[3]. »

XXXIX

« Sois pour les dieux immortels et pour nous un
sujet de joie[4] ! »

---

1. Platon : *République*, liv. VI, p. 486.
2. V. Arrien : *Épictète*, *Dissertations*, liv. I, p. 4.
3. Citation d'Euripide : *Bellérophon*, tragédie perdue.
4. Citation d'un poète inconnu.

XL.

« La vie, comme un épi de grain, est moissonnée tantôt mûre, tantôt prématurément[1]. »

XLI

« Si les dieux me négligent, moi et mes deux enfants, cela même a sa raison[2]. »

XLII

« J'ai pour moi le bon droit et la justice[3]. »

XLIII

Ne te lamente avec personne. Point de fiévreuse agitation.

XLIV

De Platon :
... « J'aurais raison de répondre ainsi à cet
« homme : O mon ami, c'est parler inconsidéré-
« ment que de prétendre qu'un homme, employé
« même à une affaire insignifiante, doit calculer
« les chances de vie et de mort, et ne pas se
« borner à voir dans ce qu'il fait si l'action est
« juste ou injuste, si elle est d'un homme de
« bien ou d'un malhonnête homme[4]. »

1. Citation d'un poète inconnu.
2. Citation d'Euripide : *Hypsipyle*, tragédie perdue.
3. Citation d'Aristophane : *Acharniens*, acte II, v. 661.
4. Platon : *Apologie* de Socrate, p. 28.

XLV

... « Oui, Athéniens, et c'est ce qui se passe en
« réalité, si quelqu'un s'est placé de lui-même à
« un poste qu'il a jugé excellent, ou s'il y a été
« placé par l'archonte, j'estime qu'il doit s'y main-
« tenir coûte que coûte, sans se préoccuper ni de
« la mort, ni de rien autre chose que du déshon-
« neur[1]. »

XLVI

... « Mais, mon ami, prends garde que l'hon-
« nêteté et le bien ne soient autre chose que de
« veiller au salut des autres et à notre propre
« salut; car la vertu ne consiste pas à prolonger
« indéfiniment notre existence. L'homme vrai-
« ment homme doit laisser les choses suivre leur
« cours et ne pas s'attacher à la vie, mais, sur ce
« point, s'en remettre à Dieu, et dire, comme les
« femmes, qu'on ne peut échapper à sa destinée.
« Il faut surtout qu'il examine avec soin quel est
« le meilleur emploi à faire du temps qu'il doit
« vivre[2]. »

XLVII

Contemple les évolutions des astres en songeant
que tu évolues avec eux; et ne cesse de réfléchir

---

1. Platon : *Apologie* de Socrate, p. 28.
2. Platon : *Gorgias*, p. 512.

au changement des éléments les uns dans les autres. Ces grandes pensées purifient l'âme des souillures de sa vie terrestre.

XLVIII

Piquante réflexion de Platon :
« Quand on veut parler des hommes, il faut
« s'élever en quelque sorte au-dessus de la terre,
« et observer d'en haut tout ce qu'elle étale aux
« yeux : foules, armées, travaux aux champs,
« mariages, divorces, naissances, morts, tumulte
« des tribunaux, pays déserts, nations barbares
« de toutes couleurs, réjouissances, lamentations,
« foires et marchés, la confusion de tout cela, et
« l'harmonie du monde formée de tant d'éléments
« contraires [1]. »

XLIX

Jette un coup d'œil sur ce qu'a été le passé, sur le bouleversement de tant de puissants États, et il t'est aussi facile de prévoir ce que sera l'avenir. Le spectacle sera le même ; tout ira du même pas et sur le même ton que ce qui a lieu aujourd'hui. Il est donc indifférent d'être spectateur de la vie humaine pendant quarante ans ou pendant des milliers d'années ; car enfin, que verras-tu de plus ?

1. Platon, passage perdu.

L

« Ce qui est venu de la terre est retourné à la
« terre ; mais ce qui avait une origine céleste est
« retourné dans la sphère des cieux[1]. »

Autrement dit, ce phénomène de la mort est
une séparation d'atomes qui étaient adhérents, et
une dispersion d'éléments dépourvus de sensibilité.

LI

« Ils ont recours à des mets, à des breuvages,
« à des pratiques de magie pour détourner le
« cours des choses et éviter la mort... Mais le
« souffle de la divinité les pousse à son gré ; il
« faut qu'ils cèdent dans les peines et les gémis-
« sements[2]. »

LII

Qu'un autre soit plus habile lutteur que toi ;
mais qu'il ne soit pas plus affable, plus modeste,
plus résigné aux accidents de la vie, plus indulgent pour les fautes du prochain.

LIII

Dès qu'une affaire peut s'exécuter conformément à la raison, lumière commune aux dieux et

---

1. Citation d'Euripide : *Chrysippe*, tragédie perdue.
2. Citation d'Euripide : *les Suppliantes*.

aux hommes, les suites n'en sont pas à craindre. En effet, dans une affaire où tout va bien, où tout se fait d'après un plan préconçu, on peut avoir à gagner, et il est hors de doute que l'on n'a rien à perdre.

LIV

En tout lieu et sans cesse il dépend de toi d'acquiescer, par respect pour les dieux, à ce qui t'arrive dans le moment présent, de traiter selon les règles de la justice les hommes présents devant toi, d'analyser attentivement l'idée qui se présente à ton esprit, afin que rien ne s'y glisse furtivement et sans examen.

LV

Ne considère pas autour de toi l'opinion des autres ; mais porte tes regards tout droit vers le but où te conduit la nature : celle de l'univers, par tout ce qui t'arrive de sa part, et en même temps la tienne, par les obligations qu'elle t'impose.

Tout être doit agir conformément à sa condition. Or, tous les autres êtres ont été créés en vue des êtres raisonnables, comme du reste, en toute chose, ce qu'il y a de moins bon est fait en vue de ce qu'il y a de meilleur ; et les êtres raisonnables n'ont pu être faits que les uns pour les autres.

Ainsi le premier privilège de la condition humaine est la sociabilité.

Le second est de résister aux affections physiques; car le propre d'un mouvement qui émane de la raison et de l'âme est de se circonscrire dans ses limites naturelles et d'échapper à l'influence fâcheuse des sens et des appétits, ces souverains maîtres de l'animal. Mais l'âme revendique pour elle la suprématie, et répudie leur empire. Elle en a le droit, puisque, s'ils existent, c'est pour qu'elle en fasse ses serviteurs.

Le troisième privilège d'un être raisonnable est de pouvoir se garantir de toute erreur et de toute faute.

Que l'esprit ainsi disposé marche donc droit devant lui : il a tout ce qui appartient à sa nature.

LVI

Suppose que tu es mort et que tu viens de rendre le dernier soupir. Les jours qui te restent à vivre n'étant qu'une faveur qu'on t'accorde, ton devoir est de les passer comme l'exige la nature.

LVII

Aime uniquement ce qui t'arrive et qui est lié à ta destinée. Qu'y a-t-il en effet de plus convenable ?

LVIII

Dans chaque accident de la vie, remets-toi devant les yeux tous ceux qui avant toi ont éprouvé le même sort, et qui ensuite ont donné cours à leur indignation, à leur étonnement et à leurs murmures. Où sont-ils maintenant? Ils ne sont plus. Pourquoi donc voudrais-tu leur ressembler? Ne vaut-il pas mieux laisser ces démonstrations intempestives aux gens qui démoralisent et sont démoralisés, et réunir tous tes efforts afin de profiter des accidents mêmes? Car tu pourras en profiter, et y trouver matière à exercer ta vertu.

Seulement dans tout ce que tu fais apporte de l'application avec la ferme volonté de rester honnête à tes yeux, et souviens-toi de ces deux conditions essentielles. Quant à l'objet même de ton action, c'est chose qui importe peu.

LIX

Regarde au-dedans de toi. Là est la source du bien, source toujours jaillissante, si toujours tu la creuses.

LX

Il faut que le corps ait une attitude ferme, qu'il n'ait rien de déréglé dans ses mouvements, ni dans ses gestes. L'expression de gravité et de biensèance qu'une belle âme communique au visage doit se réfléter dans la personne tout entière. Mais on doit se garder de toute affectation.

LXI

La science de la vie a plus de rapport avec l'art de la lutte qu'avec celui de la danse, en ce qu'il faut être toujours prêt à soutenir avec fermeté des coups subits et imprévus.

LXII

Considère fréquemment ce que sont les personnes dont tu veux obtenir l'approbation, et quel est l'esprit qui les guide ; car, en pénétrant jusqu'aux sources de leurs opinions et de leurs désirs, ou tu les excuseras, s'ils se trompent par ignorance, ou tu te passeras de leur approbation.

LXIII

« Toute âme, malgré elle, est privée de la vérité », dit le philosophe[1]. S'il en est ainsi, toute âme, malgré elle, est donc privée aussi de justice, de tempérance, d'humanité et de toute autre pareille vertu. C'est ce qu'il est essentiel de ne jamais oublier : tu n'en auras que plus d'indulgence pour tous tes semblables.

1. Platon, dans *le Sophiste*.

LXIV

Dans toute douleur que tu éprouves, fais réflexion qu'elle n'est pas un opprobre, qu'elle n'avilit pas l'âme qui te gouverne, et qu'elle ne l'altère ni dans sa substance, ni dans ses attributs de sociabilité.

Dans presque tous les cas où tu souffres, emprunte même à Épicure cette pensée réconfortante, qu'il n'y a rien là d'impossible à supporter, rien d'éternel, si tu considères que tout a des bornes, et si tu n'y ajoutes pas tes préjugés.

Souviens-toi encore de ceci : qu'il y a beaucoup de petites misères, assez semblables à la douleur, qui nous causent une secrète irritation, par exemple l'importune somnolence, la chaleur excessive, le manque d'appétit. Lorsque ces désagréments te chagrinent, dis-toi bien que tu succombes à la douleur.

LXV

Garde-toi de jamais témoigner aux gens insociables l'humeur qu'ils témoignent eux-mêmes aux autres hommes.

LXVI

D'où présumons-nous que Télauge[1] n'était pas foncièrement plus vertueux que Socrate? Ce n'est

1. Fils de Pythagore et maître d'Empédocle, dont Eschine le Socratique a donné le nom à un de ses dialogues.

pas assez que Socrate soit mort avec plus de gloire, ni qu'il ait montré plus de subtilité dans ses discussions avec les sophistes, ou plus d'endurance contre le froid pendant des nuits passées au bivouac, ou plus de grandeur d'âme en résistant à l'ordre d'aller enlever l'habitant de Salamine[2], ni qu'ensuite il se soit promené fièrement dans les rues, fait qui donnerait à réfléchir, s'il n'était pas controuvé ; mais le point à examiner est celui-ci : quelle nature d'âme avait Socrate ? Était-il capable de faire consister uniquement son bonheur dans la pratique de la justice envers les hommes et de la piété envers les dieux, sans s'indigner inutilement contre le vice, ni flatter bassement l'ignorance de personne, sans être déconcerté par les accidents qui se rattachent à l'ordre général du monde ou les considérer comme au-dessus de ses forces, sans livrer jamais son cœur aux viles sensations de la chair ?

LXVII

La nature ne t'a pas uni si intimement à la masse qui te compose que tu ne puisses te renfermer en toi-même et exercer librement les fonctions qui ne relèvent que de toi.

Il peut bien se faire en effet qu'un homme divin soit en même temps un homme inconnu à tout le monde. Souviens-toi toujours de cette vérité et de

---

1. Léon de Salamine. Voir *Apologie de Socrate*.

celle-ci encore : que l'art de vivre heureux ne suppose que très peu de connaissances. En admettant que tu n'espères plus pouvoir devenir un dialecticien, un physicien, est-ce une raison pour que tu désespères de devenir un homme libre, modeste, sociable, résigné aux volontés de Dieu?

LXVIII

Je peux vivre sans contrainte, dans la plénitude des joies de l'âme, quand même les hommes s'acharneraient à m'accabler d'outrages, quand même les bêtes féroces mettraient en pièces les membres de cette masse de chair qui m'enveloppe. Dans ces moments en effet, est-il rien qui empêche mon esprit de garder tout son calme, de juger sainement de ce qui se passe autour de moi, et de mettre promptement à profit ce qui se présente? Ainsi mon jugement peut alors dire à l'accident : « Tu n'es en réalité que cela, bien que l'opinion te fasse paraître autre chose » ; et mon profit lui dire : « Je te cherchais ». Car ce qui se passe est toujours pour moi matière à vertu, en qualité d'être raisonnable et sociable, et, en général, matière à l'œuvre de l'homme ou de Dieu. En effet, tout ce qui arrive a rapport à Dieu ou à l'homme ; il n'y a rien de neuf, ni de difficile à manier ; tout est connu et d'exécution facile.

LXIX

La perfection des mœurs consiste à passer chacun de nos jours comme si ce devait être le dernier, sans agitation, sans nonchalance, sans dissimulation.

LXX

Les dieux, qui sont immortels, ne s'indignent pas d'avoir à supporter sans relâche, et dans une si longue suite de siècles, les hommes tels qu'ils sont, et un si grand nombre de méchants. Bien plus, ils ont pour eux toutes sortes de soins : et toi, qui as si peu de temps à vivre, tu en es excédé, et cela, quoique tu sois un de ces méchants.

LXXI

C'est chose plaisante que de ne pas te dérober à ta propre malignité, ce qui est possible, et de vouloir te dérober à la malignité des autres, ce qui ne se peut pas.

LXXII

Ce que l'âme, puissance raisonnable et sociable, trouve étranger à l'intelligence et à l'intérêt de la société lui paraît, à juste titre, bien au-dessous d'elle.

LXXIII

Lorsque tu as fait du bien, et que quelqu'un a reçu ton bienfait, que veux-tu de plus? Est-ce une troisième chose, comme les insensés : la réputation d'un homme bienfaisant ou un témoignage de reconnaissance?

LXXIV

Personne ne se lasse de recevoir un service. Or, c'est se rendre service que de faire une action conforme à la nature : ne te lasse donc pas de t'obliger toi-même en obligeant les autres.

LXXV

C'est de son propre mouvement que la nature de l'univers s'est appliquée à la création du monde. Par conséquent tout ce qui se passe maintenant est une suite nécessaire de ses premières volontés, sans quoi le souverain Maître du monde y aurait mis sans réflexion et au hasard les créatures même du premier ordre et pour lesquelles il a un soin particulier. Cette pensée te tranquillisera sur bien des choses, si tu t'en souviens.

LIVRE HUITIÈME

I

Voici une réflexion qui peut encore rabattre ta vanité : il ne dépend plus de toi d'avoir pratiqué toute ta vie, ou du moins dès ta première jeunesse, les maximes de la philosophie; car bien des gens savent, et tu le sais toi-même, que tu en as été fort éloigné. Ainsi te voilà confondu ; et il ne t'est pas facile d'acquérir désormais le beau nom de philosophe : ta position même y est contraire. Si donc tu juges bien de l'état des choses, ne te préoccupe plus de la réputation que tu pourras laisser plus tard, et contente-toi de passer le reste de tes jours d'une manière conforme à ta nature. Applique-toi à connaître les devoirs qu'elle t'impose, et qu'aucun prétexte ne te détourne de cette étude.

Tu as voulu chercher le bonheur en cette vie : dans combien de voies ne t'es-tu pas égaré? Tu ne l'as trouvé nulle part, ni dans les sophismes de l'école, ni dans les richesses, ni dans la gloire, ni dans les plaisirs, nulle part enfin. Où donc est-il? Dans la pratique des actions que la nature de

l'homme exige. Mais le moyen de les pratiquer ?
C'est de s'en tenir aux principes, sources de nos
désirs et de nos actions. Ces principes, quels
sont-ils? Ceux qui engendrent les vrais biens et
les vrais maux, à savoir qu'il n'y a rien de bien
pour l'homme que ce qui le rend juste, tempérant,
courageux, libre ; et rien de mal que ce qui produit
en lui des effets contraires à ces belles qualités.

II

En présence de chaque action, demande-toi :
En quoi me convient-elle ? N'aurai-je pas lieu de
m'en repentir? Dans un instant, je ne serai plus;
tout aura disparu pour moi. Que me reste-t-il à
désirer, si mon action présente est digne d'un
être intelligent, sociable et soumis à la même loi
que Dieu?

III

Qu'est-ce qu'Alexandre, Caïus César, Pompée,
en comparaison de Diogène, d'Héraclite, de
Socrate ? Ceux-ci en effet pénétraient à fond les
choses, dans leurs principes et leur substance ; et
rien ne dérangeait l'équilibre de leur âme.

Pour ceux-là, au contraire, que de soucis ! et
combien de sortes de servitude !

IV

Non, ils n'en feront pas moins les mêmes choses,
dusses-tu en crever à la peine.

V

D'abord ne te trouble pas, car tout arrive suivant les lois de la nature universelle; et, dans peu de temps, ta personne se sera évanouie en ce monde, comme celle d'Adrien, comme celle d'Auguste. Ensuite regarde attentivement, vois clair dans l'objet qui te frappe, et souviens-toi en même temps qu'il faut que tu sois homme de bien. Ce que la nature de l'homme exige de toi, fais-le invariablement, et dis ce qui te semble le plus conforme à la justice, mais toujours avec douceur, avec modestie et sans dissimulation.

VI

La nature de l'univers a pour mission de transporter là ce qui est ici, de le changer d'état, de l'ôter encore de cette place pour le mettre en une autre. Tout n'est que changement. Sois donc sans crainte : il ne se passera rien de nouveau, rien qui ne soit ordinaire; mais tout est réparti en de justes proportions.

VII

Tout être se trouve satisfait lorsqu'il accomplit bien ses fonctions. Or, pour l'être raisonnable, bien accomplir ses fonctions, c'est de n'admettre dans ses pensées rien de faux, rien d'incertain; c'est de diriger ses efforts uniquement vers des œuvres utiles à la société; de ne témoigner ni désirs, ni craintes que dans ce qui dépend de nous; d'accepter avec résignation le sort qui lui est dévolu par la commune nature dont il fait lui-même partie, comme la feuille fait partie de la plante. En ceci, il y a cependant une différence, car la feuille fait partie d'un être dépourvu de sentiment et de raison, et exposé à subir des contraintes, au lieu que la nature de l'homme fait partie d'une nature que rien ne peut contraindre, qui est toute intelligence, toute justice, et qui distribue à chaque être avec égalité, et suivant sa place dans le monde, une part de durée, de matière, de raison, de force et d'accidents. Mais remarque bien que tu ne trouveras pas cette égalité de répartition en comparant un seul individu avec un autre en particulier, mais en comparant le tout d'une espèce avec l'ensemble d'une autre.

VIII

Il ne t'est pas possible de lire; mais tu peux t'abstenir de tout acte de violence ; mais tu peux te mettre au-dessus du plaisir et de la douleur; mais tu peux dédaigner la vaine gloire; mais tu peux ne pas t'irriter contre les insensés et les ingrats; que dis-je ? tu peux même leur faire du bien.

IX

Que personne ne t'entende plus te plaindre de la vie de la cour, ni de la tienne.

X

Le repentir est une sorte de reproche qu'on se fait à soi-même d'avoir négligé quelque chose d'utile. Or, il faut que le vrai bien soit quelque chose d'utile, et qu'un homme vertueux et honnête y consacre tous ses soins ; mais un homme vertueux et honnête ne saurait se repentir d'avoir négligé la volupté : par conséquent la volupté n'est ni utile ni un bien.

XI

Cette chose, qu'est-elle en elle-même, par sa constitution propre ? Quelle est sa substance et sa matière ? Quel est le principe de son action ? Que fait-elle dans le monde ? Combien de temps dure-t-elle ?

XII

Lorsque tu auras de la peine à t'arracher au sommeil, rappelle-toi qu'une des prérogatives de ton organisation particulière et de la nature humaine est de se livrer à des occupations utiles à la société, et que, si tu dors, tu as cela de commun avec la brute. D'ailleurs tout ce qui est conforme à la nature de chaque être lui sied mieux, le sert mieux, et est même plus dans ses goûts.

XIII

A mesure qu'une pensée te vient à l'esprit, considère, autant que possible, sa nature, son caractère moral, la part de vérité qu'elle contient.

XIV

Lorsque tu vas t'entretenir avec quelqu'un, commence par te dire à toi-même : « Quelles sont les opinions de cet homme sur les vrais biens et les vrais maux? » Car s'il a certaines opinions sur le plaisir et la douleur et sur ce qui les cause l'une et l'autre, sur l'honneur et le déshonneur, sur la mort et la vie, je ne dois pas m'émerveiller ou trouver étrange qu'il fasse de certaines choses. Je me souviendrai même qu'il ne peut manquer d'agir comme il le fait.

XV

Souviens-toi que, s'il est ridicule de trouver étrange qu'un figuier porte des figues, il ne l'est pas moins de trouver étranges des événements qui pullulent dans le monde. C'est comme si un médecin et un pilote trouvaient étrange l'un que son malade eût la fièvre, l'autre que son navire eût le vent debout.

XVI

Souviens-toi que, même en changeant d'avis et en obéissant à celui qui te corrige, tu n'en restes pas moins libre ; car ton action est toujours un effet de ta volonté et de ton discernement ; c'est par conséquent une action qui relève de ton âme.

XVII

Si la chose dépend de toi, pourquoi la fais-tu ? Si elle dépend d'un autre, à qui t'en prends-tu ? aux atomes ou aux dieux ? Dans l'un et l'autre cas, ce serait pure folie. A un homme ? Tu n'as pas d'amers reproches à lui faire. Si en effet tu peux le redresser, redresse-le ; si tu ne le peux pas, redresse la chose. Et si cela même ne se peut, à quoi te sert-il encore de te plaindre ? Sache qu'on ne doit rien faire en vain.

XVIII

Ce qui est mort ne tombe pas hors du monde. S'il y reste, c'est qu'il se transforme et se résout en ses éléments qui sont ceux du monde et les tiens propres. Or, ces éléments se transforment, et ils n'en murmurent pas.

XIX

Chaque être a été fait pour une destination, par exemple le cheval, la vigne. Pourquoi t'en étonner? Le soleil te dira : « J'ai été créé pour faire un tel ouvrage »; et les autres dieux t'en diront autant. Mais toi, pourquoi as-tu été créé? Est-ce pour te divertir? Vois toi-même si cette réponse a le sens commun.

XX

La nature n'a pas moins envisagé la fin de chacune de ses œuvres que le commencement et la durée de son existence. Elle a fait comme celui qui joue à la paume. Mais que la balle soit lancée en l'air, est-ce un bien pour elle? Qu'elle descende et tombe à terre, est-ce pour elle un mal? Est-ce un bien pour une bulle d'air d'être à la surface de l'eau, ou un mal pour elle d'éclater? On peut, en parlant d'une lampe, faire la même comparaison.

XXI

Tourne et retourne ce corps, regarde ce qu'il est, ce qu'en a fait la vieillesse, la maladie, le libertinage. Vivre peu de temps, tel est le lot de celui qui célèbre et de celui qui est célébré; de celui qui évoque un souvenir et de celui dont le souvenir est évoqué. De plus la vie se passe dans un coin de cette terre; et même, dans cet angle étroit, tous les hommes ne sont pas d'accord entre eux, que dis-je? l'homme n'est pas d'accord avec lui-même; et, dans l'espace, la terre tout entière n'est qu'un point.

XXII

Sois attentif à l'objet qui t'occupe présentement, à ce que tu penses, à ce que tu fais, à ce que tu veux faire entendre.

C'est à juste titre que tu éprouves ces inquiétudes: tu as le désir de devenir vertueux demain plutôt que de l'être aujourd'hui.

XXIII

Fais-je quelque action? Je la fais en la rapportant au bien de l'humanité. M'arrive-t-il quelque accident? Je l'accepte en le rapportant aux dieux et à la source de toutes choses d'où procèdent tous les événements.

XXIV

Que vois-tu dans le bain que tu prends? De l'huile, de la sueur, de la malpropreté, de l'eau sale, toutes choses repoussantes: voilà ce qu'il y a aussi dans chaque part de ta vie et dans tout ce qui est sous les yeux.

XXV

La mort a ravi Verus à Lucilla, et ensuite Lucilla; Maximus à Secunda, et ensuite Secunda; Diotime à Épitynchan, et ensuite Épitynchan; Faustine à Antonin, et ensuite Antonin; et c'est toujours ainsi : Adrien à Céler, et ensuite Céler. Quant à ces hommes qui avaient tant d'esprit, ou tant de prévoyance, ou tant de fierté, où sont-ils? par exemple ces génies subtils, Charax, Démétrius le platonicien, Eudémon, et leurs pareils[1], s'il y en a eu? Tout cela n'a duré qu'un jour; tout est mort depuis longtemps. Quelques-uns n'ont pas laissé d'eux le moindre souvenir; d'autres sont un nom passé dans les légendes; d'autres ont disparu des légendes mêmes. Souviens-toi donc de ceci : il faudra que ce petit composé de ton être soit dispersé, ou que le faible principe de ta vie s'éteigne, ou qu'il émigre et reçoive une place autre part.

XXVI

Ce qui comble l'homme de joie, c'est de faire ce qui est le propre de l'homme. Or, le propre de l'homme est d'aimer son semblable, de dédaigner tout ce qui affecte les sens, de distinguer le

---

1. Voyez ci-devant la *vie de Marc Aurèle*. — Secunda, Épitynchan, Diotime et Charax sont inconnus. — On ne sait pas bien non plus quel est ce Démétrius ni cet Eudémon.

spécieux du vrai, d'observer attentivement la nature universelle et tout ce qui arrive conformément à ses lois.

XXVII

J'ai trois rapports : l'un avec le milieu qui m'environne ; un autre avec la cause divine d'où procède tout ce qui arrive à tous les êtres ; et le troisième avec ceux qui vivent avec moi.

XXVIII

Ou la douleur est un mal pour le corps (qu'il s'en plaigne donc!) ou elle en est un pour l'âme. Mais il ne tient qu'à celle-ci de garder la sérénité, la tranquillité qui lui est propre et de ne pas admettre que ce soit un mal. En effet, tout ce qui est jugement, volonté, désir et aversion réside au-dedans de nous, et aucun mal ne remonte jusque-là.

XXIX

Efface de ta pensée ce qui n'est que pure imagination, et dis-toi sans cesse : « En ce moment même, il dépend de moi qu'il n'y ait dans cette âme aucun vice, aucune passion, en un mot aucune sorte de trouble ; il me suffit pour cela de ne voir en chaque chose que ce qu'elle est, et d'en faire l'usage qu'elle mérite. » Souviens-toi de ce pouvoir dont tu es investi par la nature.

XXX

Parler dans le sénat, ainsi que dans les entretiens particuliers, avec plus de dignité que d'élégance; tenir un langage sincère.

XXXI

La cour d'Auguste, sa femme, sa fille, ses petits-enfants, ses beaux-fils, sa sœur, Agrippa, ses parents, ses courtisans, ses amis, Areus[1], Mécène, ses médecins, ses aruspices, tout a été fauché par la mort. Tourne ensuite tes regards d'un autre côté : vois, non la mort de chaque personne en particulier, mais, par exemple, celle de toute la famille de Pompée. Lis encore cette épitaphe sur les mausolées : « Ci-gît le dernier de sa race », et réfléchis. Combien de peine les ancêtres ne s'étaient-ils pas donné pour laisser un héritier de leur nom ? Pourtant il a bien fallu qu'un de leurs descendants restât le dernier, et qu'en lui la race tout entière disparût.

XXXII

Il faut régler ta vie action par action, et, si chaque action se fait, autant que possible, comme elle doit se faire, t'en contenter. Or, nul ne peut t'empêcher d'agir comme tu le dois. — Quelque

---

1. Philosophe ami d'Auguste.

empêchement peut venir du dehors, diras-tu. — Non, rien ne saurait t'empêcher au moins d'être juste, modéré, raisonnable. — Mais peut-être un obstacle t'enlèvera tout moyen d'agir ? — En ce cas, devant l'obstacle même, n'aie que de la résignation ; sans récriminer, passe à ce qui t'est permis de faire, et de là provient aussitôt une autre action qui rentre également bien dans le plan de vie dont il s'agissait.

XXXIII

Recevoir *les faveurs de la fortune* sans fierté, *les* perdre sans regret.

XXXIV

Peut-être as-tu vu quelquefois une main, un pied, une tête coupés et entièrement séparés du reste du corps : c'est l'image de celui qui se refuse, autant qu'il est en lui, aux accidents de la vie, qui se détache du monde ou qui cause quelque préjudice à la société. Tu viens de te jeter hors du sein de la nature ; car, en venant au monde, tu en as fait partie, et maintenant tu t'en es retranché. Cependant tu as la ressource de pouvoir t'y réunir, ce que Dieu n'a accordé à aucune autre partie qui, après avoir été une fois coupée et séparée, ne peut plus se rejoindre au tout. Vois quelle est la Bonté suprême d'avoir doué l'homme d'une si noble prérogative. Elle t'a d'abord accordé le pouvoir de ne point te séparer de la société des êtres, et ensuite la faculté de te rejoindre à ce grand corps, d'y prendre greffe et d'y recouvrer, comme partie, le rang que tu occcupais.

XXXV

Chaque être raisonnable a reçu de la nature à peu près autant de facultés que sa condition en pouvait admettre : il y en a une entre autres que nous avons reçue. De même en effet que la nature détourne et dispose pour l'accomplissement de ses desseins tout ce qui paraît lui faire obstacle et lui résister, et qu'elle se l'approprie ; de même aussi l'être raisonnable a la faculté de s'approprier tout obstacle au bien, et d'en faire usage pour sa conduite.

XXXVI

Ne t'alarme pas à l'idée que tu te fais de ta vie tout entière. N'embrasse pas d'un coup d'œil les épreuves de toutes sortes et sans nombre que tu auras probablement à subir ; mais, à mesure qu'il te survient une peine, adresse-toi cette question à toi-même : « En quoi consiste ici ce qu'il m'est impossible de souffrir et de supporter? » Rien que d'y répondre te fera rougir. Rappelle-toi ensuite que ce qui coûte des peines ce n'est ni l'avenir ni le passé ; c'est toujours le présent. Or, la peine présente n'est presque rien, si tu la réduis à ce qu'elle est en réalité, et si, au fond de ta conscience, tu te reproches de ne pouvoir supporter ce mince fardeau.

XXXVII

Panthéa ou Pergame sont-ils encore assis aujourd'hui près du tombeau de Verus ; et Chabrias ou Diotime[1], près de celui d'Adrien ? Belle demande ! Mais, quand ces *affranchis* y seraient encore assis, ces *morts* s'en apercevraient-ils ? Et, en supposant qu'ils pussent s'en apercevoir, en éprouveraient-ils quelque joie ? Et, s'ils en éprouvaient de la joie, ces affranchis seraient-ils immortels ? Hommes et femmes, leur destinée n'est-elle pas aussi de vieillir, puis de mourir ? Et plus tard que deviendraient les autres, ceux-ci étant morts ?

Tout cela n'est que puanteur et putréfaction dans un linceul.

XXXVIII

Si tu as la vue perçante, dit le philosophe[2], regarde, et discerne en homme avisé.

---

1. Panthéa était la maîtresse de Verus ; Pergame était un de ses affranchis. — Diotime est le même que plus haut, XXV ; Chabrias est inconnu.
2. Philosophe inconnu.

XXXIX

Dans la constitution d'un être raisonnable, je ne vois pas une vertu qui soit opposée à la justice; mais j'en vois une opposée à la volupté : c'est la continence.

XL

Si tu parviens à séparer de ce qui semble t'affliger l'opinion que tu t'en fais, tu seras toi-même en toute sécurité. — Qui, toi-même? — Ta raison. — Mais je ne suis pas une pure raison. — Soit. Eh bien ! que ta raison ne se tourmente pas; et, si quelque autre partie de ton être s'en trouve mal, qu'elle en fasse son affaire.

XLI

Un empêchement des sens est un mal pour la nature animale; un empêchement des appétits est également un mal pour la nature animale. Dans le règne végétal, tout empêchement de la végétation est un mal pour la plante. De même, par conséquent, tout empêchement de l'intelligence est un mal pour une nature intelligente. Applique-toi donc à toi-même toutes ces considérations.

Éprouves-tu quelque atteinte de douleur ou de plaisir? C'est l'affaire des sens. Se trouve-t-il un empêchement à la satisfaction de tes désirs ? Si tu les as formés sans condition ni réserve, alors c'est un mal pour toi, en tant qu'être raisonnable. Mais, si tu considères l'empêchement comme un fait commun et ordinaire, tu n'en es pas blessé, et l'empêchement n'en est pas un pour toi. Jamais personne autre que toi n'a empêché ton esprit d'accomplir les fonctions qui lui sont propres. En effet, ni le feu, ni le fer, ni un tyran, ni la calomnie, rien en un mot n'a prise sur lui : lorsqu'il s'est ramassé en lui-même, il forme comme une sphère dont la surface est inaltérable[1].

XLII

Il n'est pas convenable que je me fasse de la peine à moi-même, n'en ayant jamais fait à personne que malgré moi.

XLIII

Les uns se réjouissent d'une chose, les autres d'une autre ; pour moi, je serai au comble de la joie, si je parviens à posséder intérieurement un guide raisonnable qui n'éprouve d'aversion pour aucun homme, ni pour rien de ce qui arrive aux hommes, mais qui regarde tout d'un œil bienveillant, accueille tout avec tranquillité, et fasse usage de chaque objet sans y attacher plus de prix qu'il ne vaut.

1. Voyez ci-après, liv. XII, 3, le vers d'Empédocle auquel il est fait ici allusion.

XLIV

Va, ne songe plus qu'à mettre le présent à profit Ceux qui cherchent surtout à se faire un nom dans la postérité ne prennent pas garde que les hommes de l'avenir ne seront pas différents de ceux qu'ils ont aujourd'hui de la peine à supporter, et qu'eux tous seront mortels. Mais, bref, que t'importent les vaines acclamations de ces gens-là, et l'opinion qu'ils pourront avoir de toi?

XLV

Emporte-moi, et jette-moi où tu voudras. Partout le génie qui réside en moi sera tranquille; je veux dire qu'il sera content, s'il pense et s'il agit comme le demande la condition d'homme.

Est-il raisonnable que, pour si peu de chose, mon âme se trouve malheureuse et se dégrade, qu'elle se fasse humble, suppliante, reste affaissée sur elle-même et dans la consternation? Hé! que trouveras-tu qui en vaille la peine?

XLVI

Il ne peut arriver à aucun homme rien qui ne soit accidentel à l'homme, ni à un bœuf rien qui ne soit accidentel au bœuf, ni à une vigne rien qui ne soit accidentel à la vigne, ni même à une pierre rien qui ne soit accidentel à une pierre. Si donc ce qui arrive à chaque être est un cas ordinaire, inséparable de son existence, quelle raison aurais-tu de t'indigner? Car enfin, la commune nature n'a pas fait exceptionnellement pour toi des choses insupportables.

XLVII

Si tu t'affliges pour une chose qui est en dehors de toi, ce n'est pas cette chose qui t'afflige, c'est l'idée que tu t'en fais : or, cette idée, il dépend de toi de l'effacer actuellement de ton esprit.

Si ce qui te chagrine est une secrète disposition de ton âme, qui t'empêche de corriger ton opinion qui en est cause?

De même, si tu es désolé de ne pas faire telle ou telle chose qui te paraît conforme à la saine raison, que ne la fais-tu plutôt que de te désoler ? — « Mais, dis-tu, une force supérieure m'en empêche. » — Ne te désole donc pas, puisque la cause qui t'empêche d'agir ne dépend pas de toi. — « Mais la vie est un opprobre, si je ne fais pas cette action. » — Sors donc de la vie avec autant de tranquillité qu'en a en mourant celui qui la fait, et en même temps pardonne à ceux qui te font violence.

XLVIII

Rappelle-toi que l'esprit qui te guide devient invincible, lorsqu'il se recueille en lui-même, n'écoute que lui-même, ne fait que ce qu'il veut, même quand il ne veut que par folle obstination. Que sera-ce donc, si, ne prenant conseil que de la raison, il s'est fait une opinion ferme après mûr examen ?

C'est ainsi que l'âme, affranchie de toute passion, est une sorte de citadelle. L'homme ne saurait trouver d'asile où il fût plus sûr d'échapper à tout jamais au pouvoir d'un maître. Celui qui ne le connaît pas a été mal instruit ; et celui qui, le connaissant, ne s'y retire pas est un misérable.

XLIX

N'ajoute rien en toi-même au premier rapport de tes sens. On vient t'annoncer qu'un tel ou un tel parle mal de toi : voilà ce qu'on t'annonce, mais on ne te dit pas que tu en as été blessé. Je vois que mon enfant est malade : oui, mais je ne vois pas qu'il y ait pour lui du danger. Tiens-toi ainsi, sur tous les objets sensibles, à la première image qu'ils te présentent ; n'y ajoute rien toi-même intérieurement, et il n'y aura rien de plus à t'émouvoir. Fais encore mieux : ajoutes-y ce que doit penser de ces objets un homme instruit de tout ce qui arrive ordinairement dans le monde.

L

Ce concombre est amer ? laisse-le. Il y a des ronces dans le chemin ? détourne-toi. C'est assez, et ne dis pas : « Pourquoi ces choses-là se trouvent-elles dans le monde? » car tu servirais de risée à l'homme qui a étudié la nature, comme tu en servirais à un menuisier, à un cordonnier, en leur reprochant de laisser voir dans leurs boutiques les copeaux et les rognures de leur travail. Cependant ils ont des endroits à mettre ce rebut, au lieu que la nature de l'univers n'a rien qui soit hors d'elle. Mais c'est cela même qui doit te donner de l'admiration pour l'art de la nature, qui, ne s'étant assigné d'autres bornes qu'elle, change et convertit en soi, pour faire de nouvelles productions, tout ce qui paraît corrompu, vieilli, inutile. Elle n'a pas besoin de matière du dehors, ni d'endroit pour y jeter ce qui se gâte. Elle se suffit, et trouve en elle-même tout ce qu'il faut : le lieu, la matière et l'art.

LI

Quand tu agis, point de nonchalance.
Dans tes entretiens, point de diffusion.
Dans tes pensées, point de divagation.
Evite également l'air taciturne et les saillies de vivacité.
Ne consume pas ta vie dans les affaires.
On tue, on massacre, on accable de malédictions (*les empereurs*). Qu'y a-t-il en tout cela qui t'empêche de conserver une âme pure, sage, modeste, juste? Supposons une source d'eau claire et douce qu'un passant s'aviserait de maudire : la

source n'en continue pas moins de donner une eau excellente à boire ; et, s'il y jette de la boue, du fumier, elle aura bientôt répandu et fait disparaître ces ordures sans en être altérée. Comment feras-tu pour avoir en toi une source intarissable ? En veillant sur toi-même à tout instant, pour sauvegarder ta liberté, et avec elle ta bienveillance, ta simplicité, ta dignité.

LII

Celui qui ignore qu'il y a un monde ignore où il est ; celui qui ignore pourquoi il est né ignore et quelle sorte d'être il est et ce qu'est le monde. Mais celui qui manque d'une de ces connaissances n'est pas même en état de dire pourquoi il est né. Eh bien! que penses-tu de celui qui craint le blâme ou recherche les louanges et les applaudissements de ces hommes qui ne savent ni où ils existent, ni quelle sorte d'êtres ils sont ?

LIII

Tu veux être loué d'un homme qui trois fois dans une heure se maudit lui-même ? Tu veux plaire à un homme qui se déplaît à lui-même ? Hé! comment pourrait se plaire à lui-même un homme qui se repent de presque tout ce qu'il fait ?

LIV

Ne te borne pas à respirer en commun l'air qui t'environne; mais commence à t'inspirer en commun de l'Esprit dont l'intelligence enveloppe l'univers. Cette intelligence souveraine, répandue partout, se communique à tout être qui a le pouvoir de l'attirer à lui, aussi facilement que l'air circule dans les poumons de tout être qui peut respirer.

LV

Le vice, considéré en général, ne cause aucun préjudice à l'univers; considéré à part, il n'est pas un mal pour les autres. Il n'est nuisible qu'à celui à qui il a été donné de pouvoir s'en défaire aussitôt qu'il en aura la ferme volonté.

LVI

La volonté de mon prochain est aussi étrangère à la mienne que son âme et son corps me sont étrangers. Sans doute la nature nous a spécialement faits les uns pour les autres; toutefois, en chacun de nous, la raison qui nous guide a son domaine à part. S'il en était autrement, la méchanceté de mon prochain devrait être un mal pour moi: Dieu ne l'a pas permis, de crainte qu'il ne dépendît de la volonté d'un autre de me rendre malheureux.

LVII

Le soleil semble se fondre en clarté ; ce qu'il y a de certain, c'est qu'il répand partout sa lumière. Cependant il ne s'épuise pas : sa diffusion n'est qu'une extension. Aussi, *en grec*, ses rayons se nomment-ils « aktinés », du verbe « ekteinesthai », étendre. Mais qu'est-ce qu'un rayon ? On peut s'en faire une idée, si l'on observe la lumière du soleil pénétrant dans une chambre obscure par une ouverture étroite : elle se dirige d'abord en ligne droite ; mais, à la rencontre du corps solide qui sépare la chambre obscure de l'air extérieur, elle se divise pour ainsi dire, et ce qui reste en dehors s'y arrête sans s'écouler, ni tomber. Or, c'est ainsi que doivent être les épanchements et les effusions de ton âme au dehors. Elle doit s'étendre jusqu'aux objets sans se dissiper, sans heurter avec violence ou impétuosité contre les obstacles qu'elle rencontre, et sans se laisser abattre. Il faut qu'elle s'arrête simplement, et qu'elle éclaire tout ce qui se laisse pénétrer de ses rayons. Quant aux cœurs impénétrables, ils n'auront qu'à s'en prendre à eux-mêmes, s'ils sont privés de sa clarté.

LVIII

Celui qui a peur de la mort a peur d'être privé de tout sentiment, ou d'en avoir d'une autre sorte. Mais, s'il n'a plus aucun sentiment, il ne sentira par conséquent aucun mal; et s'il acquiert une autre faculté de sentir, il sera un être d'espèce différente, et ne cessera pas de vivre.

LIX

Les hommes ont été faits les uns pour les autres. Instruis-les donc, ou supporte-les.

LX

Flèche et esprit se meuvent, l'une d'une façon, l'autre d'une autre. L'esprit, en prenant mille précautions, en considérant un objet sous toutes ses faces, n'en va que plus droit et plus sûrement à son but.

LXI

Pénètre jusqu'au fond du cœur de chacun, et permets à tout homme de pénétrer aussi jusqu'au fond de ton cœur.

LIVRE NEUVIÈME

I

Commettre une injustice, c'est commettre une impiété. La nature universelle en effet a créé les êtres raisonnables les uns pour les autres, afin qu'ils se prêtent mutuellement secours, autant que le comporte leur dignité, et ne se fassent de tort sous aucun prétexte. Tel a été son dessein ; et quiconque le méconnaît manque évidemment de respect à la plus antique des divinités.

Faire un mensonge, c'est commettre encore une impiété envers la même déesse ; car la nature universelle est la mère de tous les êtres, et ceux-ci se trouvent unis entre eux par une étroite parenté. De plus la nature universelle est nommée avec raison la Vérité, puisqu'elle est la source première de tout ce qu'il y a de vrai. Ainsi celui qui ment avec intention commet une impiété, parce que, en trompant, il fait une injustice ; et celui qui ment sans intention en commet une aussi, parce qu'il rompt l'harmonie établie par la nature universelle, et qu'il trouble l'ordre en contrariant la nature du monde. En effet, c'est la contrarier que de se porter à des faussetés malgré son propre cœur; car ce cœur avait reçu de la nature un sentiment d'aversion pour le faux, et c'est pour n'en avoir tenu aucun compte que maintenant il n'est plus en état de sentir la différence qui existe entre le faux et le vrai.

De même, celui qui recherche les plaisirs comme étant de véritables biens, et qui fuit les douleurs comme étant de véritables maux est un impie. Il faut bien en effet qu'un tel homme accuse souvent la commune nature d'avoir fait un injuste partage aux méchants et aux bons, puisqu'il arrive souvent que les méchants jouissent de tous les plaisirs et acquièrent en abondance tout ce qui peut leur en procurer, pendant que les bons sont accablés de douleurs et en butte à tout ce qui cause de la peine. D'ailleurs celui qui redoute les douleurs craindra aussi tout ce qui doit lui arriver un jour dans ce monde, ce qui est déjà impie; et celui qui court sans cesse après les plaisirs des sens ne s'en abstiendra pas pour une injustice, ce qui est une impiété manifeste. Or, il faut que celui qui veut se conformer à l'ordre de la nature regarde comme indifférentes toutes les choses que la nature a également faites ; car elle ne les aurait pas faites également, si elles n'eussent été, à son point de vue, tout à fait égales. Tout homme donc qui ne considère pas avec la même indifférence les plaisirs et les peines, la mort et la vie, la gloire et l'obscurité, choses que la nature universelle envoie sans distinction aux bons et aux méchants, est assurément un impie.

Quand je dis que la commune nature les envoie sans distinction, je veux dire qu'elles arrivent indifféremment selon l'ordre et la suite de tout ce qui devait se faire successivement, en vertu d'un certain mouvement primitif que la Providence imprima, lorsque, dans une certaine époque, elle se fut déterminée à un tel arrangement, après avoir conçu en elle-même les combinaisons de tout ce qui devait être, et avoir semé partout les germes et les principes tant des divers êtres que de leurs transformations et de leur succession dans le monde qui est sous nos yeux.

II

Il serait sans doute d'un homme plus vertueux de sortir de la vie sans avoir connu le mensonge, ni la dissimulation, ni la mollesse, ni le faste. Mais, faute de ce bonheur, il en est un autre, c'est de prendre en dégoût ces misères et de mourir. Eh quoi! préférerais-tu croupir dans le vice; et l'expérience ne t'a-t-elle pas encore persuadé de t'enfuir hors de cette peste? Car la corruption de l'âme est une peste bien plus pernicieuse que l'intempérie et l'insalubrité de l'air. Ceci n'est une peste que pour l'animal en tant qu'animal, au lieu que l'autre est la peste de l'homme en tant qu'homme.

III

Ne méprise pas la mort, mais considère-la sans émoi, comme une des œuvres qui plaisent à la nature. Si c'est un fait naturel de parvenir à l'adolescence et puis vieillir, de croître et se trouver plein de forces, de prendre des dents, de la barbe et puis des cheveux blancs, de procréer, de porter un enfant dans son sein, de le mettre au monde, de passer en un mot par toutes les conditions, toutes les phases de la vie, c'en est un autre semblable de tomber en dissolution. Il convient donc à l'homme réfléchi de ne témoigner, quand il s'agit de la mort, ni crainte, ni indignation, ni dédain, mais de l'attendre comme une des opérations de la nature. De même que tu attends patiemment le jour où naîtra l'enfant que ta femme porte dans son sein, de même accepte avec résignation l'heure où ton âme s'échappera de son enveloppe.

Veux-tu encore un conseil réconfortant, quoique banal ? Veux-tu trouver même une satisfaction dans la mort ? Jette les yeux sur les objets dont elle te délivrera, sur les mauvaises mœurs avec lesquelles ton âme cessera d'être en contact. Sans doute il ne faut point s'irriter contre les méchants ; il faut même s'intéresser à eux et les supporter avec bienveillance ; souviens-toi cependant que la mort, en t'arrachant à la société de ces hommes qui n'ont pas les mêmes principes que toi, sera une délivrance. S'il y avait en effet un seul bien capable de te retenir ici-bas, et de t'attacher à la vie, ce serait l'espérance de passer tes jours avec des hommes fidèles à pratiquer les mêmes maximes que toi. Mais tu vois combien la discordance de mœurs te rend pénible la nécessité de vivre dans la société que tu as sous les yeux; tu en es réduit à dire: « O mort, hâte-toi de venir, de peur qu'à la fin je ne m'oublie aussi moi-même ! »

IV

Celui qui pèche, pèche contre lui-même ; celui qui commet une injustice se fait du tort à lui-même, puisqu'il se rend méchant.

V

Souvent on est aussi injuste en ne faisant rien qu'en faisant certaines choses.

VI

Si en ce moment tu es pénétré de la vérité de tes principes, uniquement occupé d'actions utiles à la société, disposé du fond du cœur à recevoir tout ce qui arrive et qui émane de la cause suprême, c'est assez, sois content.

VII

Fais taire ton imagination ; contiens les mouvements de ton cœur ; éteins tes désirs ; que ton âme soit maîtresse d'elle-même.

VIII

Une même sorte d'âme a été dévolue aux animaux dépourvus de raison ; et une même âme intelligente a été donnée en partage aux êtres raisonnables. C'est ainsi qu'il n'y a qu'une seule terre pour tous les êtres terrestres, qu'une seule et même lumière, qu'un seul et même air respirable pour tous les êtres qui, comme nous, voient et respirent.

IX

Tous les êtres qui ont entre eux quelque affinité ont une propension à s'associer comme étant de même espèce. Tout ce qui est terrestre se porte vers la terre par son propre poids, tout ce qui est liquide cherche à se mêler avec les liquides, et il en est de même des fluides aériformes : ils ne restent séparés que quand on les retient par quelque obstacle et de vive force. Le feu s'élève vers le ciel, attiré par le feu élémentaire ; et celui-ci est toujours prêt à s'embraser avec les feux d'ici-bas : aussi toutes les matières un peu sèches s'enflamment avec rapidité, parce qu'elles ne contiennent presque rien qui empêche l'embrasement.

Il en est de même de tout être qui participe en commun de la nature intelligente. Il se porte avec autant ou même plus d'ardeur vers ce qui est de son espèce. Plus un être est supérieur aux autres, plus il a de tendance à se joindre et à s'associer intimement avec son semblable. Ainsi, parmi les êtres privés de raison, il a existé de tout temps des essaims d'abeilles, de grands troupeaux, des bandes d'oiseaux, des sociétés formées par une sorte d'amour, car ces êtres ont une même sorte d'âme. Mais cette propension à s'unir en société est surtout le privilège de l'être supérieur ; elle ne se rencontre pas au même degré dans la plante, dans la pierre, dans le bois.

Les êtres raisonnables se constituent en gouvernements, forment des amitiés, des familles, des assemblées ; dans les temps même de guerre, il se conclut des capitulations et des trêves.

Enfin, parmi les êtres plus parfaits encore, il règne, malgré les distances qui les séparent, une sorte d'union, comme, par exemple, parmi les astres : si éloignés qu'ils soient les uns des autres, ils éprouvent, en vertu de leur perfection même, une réciproque sympathie.

Cependant considère ce qui se passe aujourd'hui. Les êtres raisonnables sont actuellement les seuls qui aient oublié cette mutuelle affection, cette concorde et cet attrait commun. On n'en voit plus l'exemple.

Mais les hommes ont beau se fuir, la nature plus forte se saisit d'eux et les arrête. Tu verras la vérité de ce que je dis, si tu y regardes de bien près. Oui, on aurait moins de peine à trouver un corps terrestre séparé de la terre qu'à trouver un homme ayant rompu tout rapport avec l'humanité.

X

Et l'homme, et Dieu et le monde portent leur fruit ; ils le portent chacun en leur temps. Sans doute l'usage n'applique dans son acception propre le mot « fruit » qu'à la vigne et autres plantes semblables ; mais ce n'en est pas moins une vérité. La raison porte son fruit pour la société ainsi que pour la personne de l'homme ; et de là naissent d'autres fruits de même nature que la raison.

XI

Améliore les hommes, si tu le peux, et, si tu ne le peux pas, souviens-toi que c'est pour eux que t'a été donné le sentiment de bienveillance. Les dieux même traitent avec indulgence ces égarés, et telle est leur bonté qu'ils les aident à se procurer bien des choses, par exemple la santé, la richesse, la gloire. Il t'est facile aussi d'être bienveillant ; ou dis-moi qui t'en empêche ?

XII

Travaille, non comme un misérable, ni avec le désir de te faire plaindre ou admirer ; ne désire qu'une seule chose, c'est qu'il n'y ait dans ta vie ni action ni repos qui ne se reporte à l'intérêt de la société.

XIII

Aujourd'hui je suis sorti de tout embarras, ou, pour mieux dire, j'ai banni hors de moi tout embarras ; car il n'était pas autour de moi, il était dans mon opinion.

XIV

Tous ces objets nous sont familiers, à cause de leur fréquent usage, mais ils sont bientôt détruits par le temps; la matière qui les compose est d'origine grossière; tous sont aujourd'hui comme ils étaient du temps de ceux que nous avons mis au tombeau.

XV

Les objets restent tels quels en dehors de nous; ils ne se connaissent pas eux-mêmes et ne nous révèlent pas leurs propriétés : qui donc nous révèle ces propriétés ? L'esprit, notre guide.

XVI

Ce qui constitue un mal ou un bien pour l'être raisonnable et sociable ne dépend pas des sensations qu'il éprouve, mais de sa force active mise en jeu, de même que ses vertus et ses vices ne consistent pas dans de simples affections, mais dans une force qui agit ou réagit.

XVII

La pierre jetée en l'air est retombée : ce n'est pas un mal pour elle, pas plus que ce n'est pour elle un bien d'être allée très haut.

XVIII

Pénètre au fond du cœur de ces hommes, et tu verras quels juges tu redoutes, et quels juges ils sont pour eux-mêmes.

XIX

Toutes choses sont en état de transformation. Toi-même tu subis une altération continuelle et en partie un dépérissement. Il en est ainsi de l'univers entier.

XX

Il faut laisser la faute d'autrui où elle est.

XXI

Lorsqu'une action se termine, qu'un désir, une pensée s'évanouissent, il y a là une sorte de mort sans l'ombre d'un mal.

Songe maintenant aux périodes de la vie, à l'enfance, à l'adolescence, à la jeunesse, à la vieillesse. Le passage d'une période à une autre est une véritable mort : y a-t-il là rien de redoutable ?

Reporte-toi à présent aux années que tu as passées sous ton aïeul, ensuite sous ta mère, puis sous ton père. En face de beaucoup d'autres événements qui, dans le cours de ton existence, ont amené des différences, des changements, des cessations d'état, demande-toi : Y a-t-il eu là rien de redoutable ?

Il en sera donc ainsi de la mort, cessation, interruption ou changement de ta vie tout entière.

XXII

(*On vient de t'offenser?*) Vite songe à ton âme, à celle de l'univers, à celle de cet homme : à la tienne, pour lui inculquer l'esprit de justice ; à celle de l'univers, pour te rappeler de quoi tu fais partie ; à celle de cet homme, pour savoir si c'est ignorance de sa part ou dessein prémédité. Considère en même temps que, comme homme, il est ton frère.

XXIII

De même que ta personne de chef fait de l'État un corps entier, de même chacune de tes actions doit tendre à le maintenir dans une intégrité parfaite. Si donc une seule de tes actions ne se rapporte pas de près ou de loin à ce but, elle sépare ta vie de celle de l'État; tu ne fais plus avec lui un seul tout; ta vie est séditieuse comme l'est un homme qui, se faisant un parti dans une république, en détruit l'harmonie.

XXIV

Des querelles d'enfants, des jeux d'enfants, des âmes qui soulèvent des cadavres, afin de rendre plus saisissante l'évocation des Mânes (*dans l'Odyssée*)[1].

XXV

Tâche de connaître la qualité du principe actif de chaque chose, et, faisant abstraction de ce qui est matériel, observe-le attentivement. Détermine ensuite combien de temps au plus ce principe particulier doit subsister, suivant l'ordre de la nature.

XXVI

Tu as souffert des peines sans nombre, pour n'avoir pas su te borner à suivre les conseils de

---

1. Voyez *Odyssée*, liv. XI.

ta raison, ce guide qui remplit fidèlement la mission pour laquelle il a été créé. C'en est assez.

XXVII

Lorsque tu seras en butte au blâme ou à la haine, ou à la médisance de certains hommes, va droit à leur âme, pénètre dans leur for intérieur, et vois ce qu'ils sont. Tu reconnaîtras qu'il ne faut pas te tourmenter pour leur faire prendre une autre opinion de toi. Il faut cependant leur vouloir du bien, puisque la nature en a fait tes amis. Au reste, les dieux viennent à leur aide de toutes manières par la voie des songes et des oracles, pour leur faire acquérir même ces faux biens qu'ils recherchent avec inquiétude.

XXVIII

Les choses de ce monde sont toujours les mêmes; elles vont et viennent tour à tour comme dans un cercle, les unes en haut, les autres en bas, de génération en génération. Il se peut que l'intelligence de l'univers agisse sur chaque être en particulier : s'il en est ainsi, soumets-toi à ses impulsions. Mais peut-être a-t-elle imprimé une fois pour toutes le mouvement à l'ensemble, et ce mouvement se communique sans discontinuité à tous les êtres et à leur organisme, car, à vrai dire, tout n'est qu'atomes ou éléments indivisibles. Quoi qu'il en soit, s'il existe un Dieu, tout est bien ; et, si tout marche au hasard, ne te laisse pas, comme le reste, aller au hasard.

Bientôt la terre nous couvrira tous ; ensuite elle-même changera ; tout prendra d'autres formes à l'infini, et puis d'autres encore à l'infini. Que l'on réfléchisse à ces transformations, à ces altérations qui se succèdent comme des flots avec rapidité, et l'on n'éprouvera qu'une profonde indifférence pour tout ce qui est mortel.

Le principe actif de l'univers est un torrent qui emporte tous les êtres dans son cours.

XXIX

Que je fais peu de cas de ces piètres personnages politiques qui ont la prétention de gérer en philosophes toutes les affaires ! Quelle prodigieuse ineptie ! O homme, que fais-tu ? Conforme-toi à ce que la nature exige dans la situation présente. Essaie même, à l'occasion, d'y ramener les autres, pourvu que ce soit sans ostentation. Mais ne compte pas pouvoir jamais établir la république de Platon. Sois content si tu parviens à rendre les hommes tant soit peu meilleurs ; ce ne sera pas peu de chose, crois-le bien. Car enfin, qui les fait changer d'opinions ? Et, sans ce changement, que feras-tu ? Des esclaves qui gémiront de leur servitude, des hypocrites sous le masque de l'obéissance.

Eh bien ! parle-moi maintenant d'un Alexandre,

d'un Philippe, d'un Démétrius de Phalère. Ont-ils connu ce qu'exigeait d'eux la commune nature, se sont-ils gouvernés eux-mêmes ? C'est leur affaire ; mais, s'ils n'ont fait que du bruit sur la scène du monde, je ne suis pas condamné à les imiter.

La philosophie agit d'une manière simple et modeste : n'espère pas m'entraîner à une gravité affectée.

XXX

Du haut de l'air contemple ces multitudes sans nombre, ces milliers de cérémonies religieuses, ces navigations de tout genre sous la tempête ou dans le calme des mers, cette diversité d'êtres qui naissent, vivent quelque peu ensemble et meurent.

Songe à ceux qui ont vécu jadis sous d'autres règnes, à ceux qui vivront après toi et à ceux des nations barbares : combien d'entre eux ignorent jusqu'à ton nom ! Combien l'auront bientôt oublié ! Combien qui aujourd'hui peut-être te bénissent te maudiront demain !

Ah ! que cette renommée, que cette gloire, que tout ce qui est vanité est méprisable !

XXXI

Conserve ta tranquillité d'âme, quand ce qui t'arrive provient d'une cause extérieure. Conforme-toi à la justice dans ce qui se fait par un motif qui émane de toi ; c'est-à-dire, dans toute intention, toute action, ne te propose pour objet que le bien de la société, objet éminemment en rapport avec la nature.

XXXII

Il t'est facile de bannir loin de toi mille prétendus sujets d'inquiétude, pures chimères qui hantent ton imagination. Afin de t'en délivrer, de te donner le champ libre, jette un coup d'œil sur l'ensemble du monde ; représente-toi la durée infinie des temps, vois le rapide changement de chaque être en particulier. Quel court espace entre sa naissance et sa dissolution ! Quel abîme de siècles avant sa naissance ! Quel autre abîme insondable de siècles après qu'il aura disparu !

XXXIII

Tous les êtres que tu as sous les yeux tomberont bientôt en poussière, et ceux qui les auront vu tomber tomberont bientôt en poussière à leur tour. Ainsi entre celui qui meurt dans l'extrême vieillesse et celui qui est emporté à la fleur de l'âge il y aura égalité.

XXXIV

Quel esprit que celui de ces hommes ! quelles misères que les choses auxquelles ils s'attachent et qui te valent leur amitié et leurs hommages ! Regarde au fond de leur âme, comme si elle était à nu. Ces gens-là s'imaginent qu'on est sensible à leurs blâmes, qu'on est flatté de leurs éloges! Quelle présomption!

XXXV

La perte de la vie n'est autre chose qu'un changement d'état. Il n'y a là qu'un jeu de la nature universelle qui fait si bien toutes choses. De tout temps elle en a usé ainsi et en usera de la sorte jusqu'à la fin des siècles. Pourquoi donc dis-tu que tout a été et sera toujours mal? que tant de dieux n'ont pas eu assez de puissance pour corriger ce désordre, mais que le monde a été condamné à de perpétuels et incurables maux?

XXXVI

La décomposition de la matière qui constitue un corps quelconque donne de l'eau, de la poussière, des ossements, de l'ordure. Le marbre est un simple tuf, callosité de la terre ; l'or et l'argent ne sont que des sédiments ; cette robe n'est que du poil de bête ; la couleur pourpre n'est que du sang ; tout le reste a un fond analogue ; même l'élément incorporel n'est pas d'une nature dissemblable, car il passe d'un être dans un autre.

XXXVII

Assez de misérable existence, assez de murmures et de ridicules grimaces. Qu'est-ce qui te trouble ? Qu'y a-t-il de nouveau dans ce qui t'arrive ? Qu'est-ce qui te décourage ? Est-ce la cause première ? Considère-la en elle-même. Est-ce la matière ? Considère son état. En dehors de l'une et de l'autre, il n'y a rien de plus. A l'avenir montre donc aux dieux un cœur plus simple et plus honnête.

Avoir connu ce monde pendant cent ans ou pendant trois ans, cela revient au même.

XXXVIII

A-t-il commis une faute ? Le mal est pour lui. Mais peut-être ne l'a-t-il pas commise ?

XXXIX

Ou bien tout ce qui arrive découle d'une seule source intelligente, en vue d'un seul corps, et il ne faut pas que la partie se plaigne de ce qui se fait pour le tout ; ou bien ce n'est que l'effet d'un tourbillon d'atomes qui se dispersent au hasard, et rien de plus. Pourquoi donc t'alarmer ? Dis à ton guide intérieur : « Tu es mort, tu n'es plus ce que tu étais, tu es devenu une bête féroce ; malgré toutes les apparences, tu te mêles à des troupeaux, tu te repais comme la brute. »

XL

Ou les dieux n'ont aucun pouvoir, ou ils sont tout-puissants. Si donc ils n'ont aucun pouvoir, pourquoi leur adresses-tu des prières? Mais, s'ils sont tout-puissants, pourquoi ne les pries-tu pas de t'accorder la faveur de n'éprouver ni crainte, ni désir, ni peine, quoi qu'il advienne, au lieu de leur demander que telle ou telle chose arrive ou n'arrive pas ? Car enfin, si les dieux peuvent venir au secours des hommes, ils peuvent bien leur accorder cette faveur-là.

Mais peut-être diras-tu : « Grâce aux dieux, je suis le maître de mes sentiments. » S'il en est ainsi, ne vaut-il pas mieux disposer de ce qui dépend de toi et conserver ta liberté, que de te laisser tourmenter par ce qui est en dehors de ton pouvoir et t'assujettit à une basse servitude ? Mais qui t'a dit que les dieux ne viennent pas à notre aide même dans ce qui ne dépend que de nous? Commence donc à implorer leur secours spécialement dans ce but et tu verras. Voici un homme qui prie et dit : « Puissé-je avoir cette femme pour maîtresse ! » Toi, dis : « Puissé-je n'avoir pas le désir de l'avoir pour maîtresse ! » Un autre dit : « Puissé-je être délivré de ce fardeau ! » Toi, dis : « Puissé-je n'avoir pas besoin qu'on m'en délivre ! » Un autre : « Puissé-je ne pas perdre mon cher enfant ! » Toi : « Puissé-je ne pas craindre de le perdre ! » En un mot, adresse en ce sens toutes tes prières, et vois ce qui en résultera

XLI

Épicure dit : « Pendant ma maladie je n'amenais pas la conversation sur les souffrances de mon misérable corps ; je n'avais pas avec les personnes qui venaient me voir de tels sujets d'entretien. Mais je les entretenais de mes méditations sur les questions les plus importantes dans l'étude de la nature. Je m'attachais surtout à leur faire voir comment notre âme, sans être insensible aux commotions de la chair, pouvait cependant être exempte de trouble et se maintenir dans la jouissance paisible du bien qui lui est propre. Je ne donnais pas même aux médecins, ajoute-t-il, l'occasion de prendre cet air de suffisance qui fait croire qu'ils rendent d'inappréciables services ; je les recevais avec calme et sérénité. »

Prends exemple sur ce philosophe, non seulement au cours d'une maladie, s'il t'en survient, mais dans tout autre accident de la vie. Car il est une obligation commune à toutes les sectes philosophiques, c'est de ne jamais se départir de ses principes, quelque fâcheuses que soient les circonstances, d'éviter les frivoles commentaires d'un vulgaire ignorant et mal initié à l'étude de la nature, enfin de porter uniquement son attention sur la chose qui se fait dans le moment présent et sur l'instrument employé pour le faire.

XLII

Dès que quelqu'un t'aura offensé par son impudence, fais-toi aussitôt cette question : « Est-il possible que dans le monde il n'y ait point d'impudents ? Non, cela ne se peut. » Ne demande donc pas l'impossible : cet homme est un de ces impudents qui doivent nécessairement se trouver dans le monde. Au sujet du fourbe, du traître, en un mot d'un coupable quel qu'il soit, ne manque pas de faire la même réflexion. En te rappelant qu'il est impossible qu'il n'existe pas des gens de cette espèce, tu n'en auras que plus d'indulgence pour chacun d'eux.

Ce qui est aussi d'une grande utilité, c'est de se demander d'abord quelle vertu la nature a donnée à l'homme pour se défendre contre chaque faute d'autrui. Elle lui a donné en effet la douceur comme préservatif contre la brutalité, et pour ainsi dire divers antidotes, les uns contre un défaut, les autres contre un autre. Après tout, il ne tient qu'à toi de remettre dans la bonne voie celui qui s'est égaré. Car tout homme qui manque à son devoir manque le but qu'il s'est proposé : il s'est trompé de route.

Et en quoi l'offense t'a-t-elle fait tort ? Cherche, et tu trouveras qu'aucun de ceux qui provoquent ton indignation n'a pu, malgré tout, altérer les qualités de ton âme : or, c'est en cela seulement que consistent le véritable mal et le dommage. Qu'y a-t-il donc de mal pour toi, ou qu'y a-t-il d'étrange qu'un homme sans éducation se conduise comme les gens de sa sorte? Prends garde de n'avoir pas plutôt à te reprocher à toi-même de n'avoir pas attendu d'un tel homme une telle offense ; c'était chose probable ; les lumières de ta raison devaient te le faire présumer; c'est cependant pour n'y avoir pas songé que tu t'étonnes de sa faute.

Surtout, quand tu as à te plaindre de la perfidie d'un homme ou de son ingratitude, fais un retour sur toi-même. Car c'est évidemment ta faute d'avoir cru qu'un homme sans foi serait fidèle, ou d'avoir eu, en faisant du bien, autre chose en vue que d'en faire et de goûter dans le moment même tout le fruit de ta bonne action. Tu as rendu service à un homme, c'est bien ; que veux-tu de plus? Ne te suffit-il pas d'avoir agi conformément à ta nature? Te faut-il encore pour cela un salaire? C'est comme si l'œil réclamait un dédommagement parce qu'il voit, ou les pieds parce qu'ils marchent. De même en effet que ces parties du corps ont été organisées pour une fin spéciale, et que, en agissant selon leur organisation, elles ne font que remplir la fonction qui leur est propre, de même l'homme, ayant été créé pour être bienfaisant, n'a fait que remplir les fonctions de son organisation particulière lorsqu'il a fait du bien à quelqu'un ou qu'il a contribué à lui procurer des avantages extérieurs. Il est parvenu dès lors à ses fins.

LIVRE DIXIÈME

I

O mon âme, viendra-t-il un jour où tu seras bonne et simple, constamment la même et toute nue, plus à découvert que le corps qui t'enveloppe, un jour où tu n'éprouveras que des sentiments de bienveillance et d'amour? Viendra-t-il un jour où, pleinement satisfaite, sans aucun besoin, sans aucun regret, tu ne désireras rien de ce qui est animé ou inanimé pour y trouver des jouissances, rien, pas même du temps pour prolonger tes plaisirs, pas même un lieu ou un pays de préférence, ou un air plus doux à respirer, ou une société plus en rapport avec tes goûts; mais où au contraire, te pliant à ta situation, tu prendras plaisir à tout ce qui est, persuadée que tu as en toi tout ce qu'il te faut, que tout va bien pour toi, qu'il n'y a rien qui ne vienne des dieux, que tout ce qu'il leur plaît d'ordonner et ce qu'ils ordonneront ne peut être que bon pour toi, et en général pour la conservation du *Monde*, cet être animé qui est parfait en soi, bon, juste et beau, qui produit, embrasse, contient tous les autres êtres, et reçoit dans son sein tous ceux qui se dissolvent afin d'en reproduire de semblables? Viendra-t-il un jour où tu seras en état de vivre devant les dieux et devant les hommes, sans proférer contre eux une seule plainte, et sans encourir de leur part le moindre blâme?

II

Observe ce qu'exige ta nature, en tant qu'être soumis uniquement à la nature *végétative*, puis conforme-toi et laisse-toi aller à ses exigences, pourvu que ta nature *sensitive*, en tant qu'animal, n'en soit pas altérée. Il faut ensuite que tu observes ce qu'exige ta nature *sensitive*, en tant qu'animal, et que tu ne rejettes aucune de ses exigences, à moins que la nature, en tant qu'être raisonnable, n'en souffre quelque altération. Or, qui dit être raisonnable dit par là-même être sociable. Suis invariablement ces règles de conduite, et ne te donne pas la peine d'en chercher d'autres.

III

Ou la nature t'a donné assez de force pour supporter tout ce qui t'arrive, ou elle ne t'en a pas donné assez. Si donc tu as assez de force pour supporter ce qui t'arrive, ne t'indigne pas, mais supporte-le naturellement; et si l'accident est au-dessus de tes forces, prends encore patience, car en te consumant il se consumera. Souviens-toi cependant que, par ta nature, tu peux supporter tout ce qu'il est en ton pouvoir de rendre tolérable et supportable, en considérant à cet effet ton véritable intérêt et ton devoir.

IV

S'il se trompe, instruis-le avec bienveillance; fais-lui connaître son erreur; et, si tu ne peux y réussir, n'accuse que toi, ou même ne t'accuse pas.

V

Ce qui t'arrive était préparé pour toi de toute éternité ; la combinaison des causes avait été faite de toute éternité pour l'amener et le faire coïncider avec ton existence.

VI

Réunion fortuite d'atomes ou bien nature *particulière*, qu'il soit établi en principe que je suis une partie du Tout qui est administré par la nature universelle ; ensuite qu'il existe une sorte d'affinité entre moi et les parties qui sont de mon espèce.

Pénétré de cette pensée que je suis une partie du grand Tout, je ne recevrai de mauvais gré rien de ce qu'il m'aura départi ; car ce qui est utile au

Tout ne peut être nuisible à la partie, et il n'y a dans le Tout rien qui ne lui soit essentiellement utile. C'est là un caractère commun à tous les êtres; mais de plus la nature de l'univers a le privilège de ne pouvoir être contrainte par aucune cause extérieure d'engendrer ce qui lui serait nuisible à elle-même.

Ainsi, en me rappelant que je suis une partie de l'univers tel qu'il existe, je me soumettrai de grand cœur à tout ce qui m'arrivera; et, puisqu'il y a une sorte d'affinité entre moi et les parties qui sont de mon espèce, je ne ferai rien qui soit nuisible à la société; que dis-je? je m'occuperai particulièrement de mes semblables, je dirigerai toute mon activité vers ce qui contribue au bien public, en évitant tout ce qui lui serait contraire.

De l'accomplissement du devoir ainsi compris résulte nécessairement une vie heureuse. Pour t'en faire une idée, songe à la douce existence d'un homme qui, dans toutes ses actions, n'aurait en vue que l'intérêt de ses concitoyens, et qui se prêterait avec plaisir à tout ce que lui imposerait la cité.

VII

C'est une nécessité aux parties du grand Tout, je veux dire à toutes celles qui se trouvent comprises dans le monde *visible* de se corrompre, et par ce mot j'entends s'altérer pour former d'autres êtres.

Si je dis que c'est pour elles un mal, et un mal nécessaire, ce monde ne serait donc pas bien réglé, ses parties étant sujettes à des altérations et faites d'une façon ou d'une autre pour se corrompre.

Est-ce que la nature aurait voulu tout exprès détériorer les parties qui la composent, les assujettir au mal, les créer pour les y faire tomber inévitablement ; ou bien cela se passerait-il à son insu ? Ni l'une ni l'autre de ces hypothèses n'est vraisemblable.

Or, admettons que quelqu'un, sans mentionner même le nom de la nature, vienne dire seulement : « Les parties du monde sont ainsi faites » ; que son explication serait ridicule ! Il est contradictoire de convenir que les parties du monde sont faites pour changer de forme, et de s'étonner, de s'affliger même de ces changements comme d'un fait contre nature ; surtout quand on voit chaque être se résoudre dans les éléments dont il est constitué. Car enfin, la corruption produit ou la dispersion des éléments du corps ou leur transformation ; ce qu'il y a de solide retourne à la terre, ce qu'il y a de volatil s'évapore dans l'air, l'un et l'autre élément rentrant dans la masse de l'univers pour être consumés un jour avec lui, ou pour le renouveler par de perpétuelles vicissitudes.

Et ne t'imagine pas que ces éléments solides et volatils du corps y soient depuis sa conception ; car tout ceci n'y est que d'hier ou d'avant-hier, et ne provient que des aliments et de la respiration. C'est donc ceci qui change et non ce que la mère a mis au monde.

Mais suppose que ceci fasse une partie intégrante de l'homme : une telle hypothèse, à mon avis, n'enlève rien à la justesse de la présente considération.

VIII

Lorsque tu te seras laissé décerner ces surnoms de bon, de modeste, de sincère, de prudent, de patient, de magnanime, prends garde de mériter des surnoms tout contraires ; et s'il t'arrive de perdre tes droits à des titres si flatteurs, tâche de les recouvrer au plus tôt. Mais n'oublie pas que pour toi le mot « prudence » signifie l'habitude d'examiner attentivement et sans distraction la nature de chaque objet; celui de « patience », l'acquiescement spontané à tout ce que la commune nature te donne en partage ; celui de « magnanimité », l'élévation de l'âme au-dessus de toutes les impressions agréables ou désagréables de la chair, au-dessus de la vaine gloire, au-dessus de la mort et de tout le reste.

Si donc tu t'efforces de mériter tous ces titres, sans souhaiter que les autres te les décernent, alors tu deviendras un autre homme et tu parviendras à une vie toute nouvelle; car rester le même que tu as été jusqu'ici, continuer cette existence où l'âme se laisse harceler et avilir, c'est être par trop insensé, par trop esclave de l'amour de la vie ; c'est ressembler à ces gladiateurs à moitié dévorés dans un combat contre des bêtes, et qui, couverts de blessures, de sang et de poussière, demandent cependant à être réservés jusqu'au lendemain pour être livrés aux mêmes griffes et aux mêmes dents.

Entre donc dans la voie qui mène à la possession de ce petit nombre de titres ; et, si tu peux y rester, restes-y avec autant de joie que si tu avais été transporté dans un séjour comparable aux îles des Bienheureux[1].

Mais si tu sens que la possession de ces beaux noms t'échappe, que tu manques de force pour les retenir tous, aie du moins le courage de te retirer dans quelque coin du monde où il te soit possible d'être entièrement maître de toi ; ou bien sors définitivement de cette vie, sans colère cependant, et au contraire avec simplicité, en homme libre et modeste qui du moins aura fait une belle action en quittant la vie avec ces nobles sentiments.

Au surplus il te restera un puissant moyen de ne jamais bannir de ta pensée le souvenir de ces noms, c'est d'y associer le souvenir des dieux, de te rappeler que ce qu'ils veulent ce n'est pas de recevoir de banales louanges, mais plutôt de retrouver leurs vivantes images dans tous les êtres doués de raison.

---

1. Iles *Fortunées*, dans l'Océan Atlantique, d'après les poëtes.

Songe enfin qu'ils veulent que le figuier fasse le devoir du figuier, le chien celui du chien, l'abeille celui de l'abeille, et l'homme celui de l'homme.

IX

Un mime, une guerre, une panique, la torpeur, l'esclavage effaceront insensiblement chaque jour *dans ton cœur* toutes ces saintes maximes que tu entrevois et laisses ensuite de côté sans approfondir les leçons de la nature.

Il faut voir et agir en tout de telle manière que ce qui se présente à faire soit bien fait, que l'action n'exclue pas l'observation, ni non plus cette confiance en soi-même qui résulte de la connaissance de chaque chose, sentiment secret et qui cependant ne peut se cacher.

Quand goûteras-tu les joies de la simplicité, de la gravité, d'une claire notion sur chaque être à part, au point de pouvoir dire ce qu'il est dans son essence, quelle place il occupe dans le monde, quelle durée lui est assignée par la nature, de quelles parties il se compose, qui peut en disposer, enfin qui a le pouvoir de le donner et de l'ôter?

X

Une araignée est fière d'avoir pris une mouche; et, *parmi les hommes*, l'un est fier d'avoir pris un levraut, un autre un petit poisson au filet, celui-ci des sangliers, celui-là des ours, tel autre des

Sarmates. Car ce dernier *et ses pareils* ne sont-ils pas des brigands? Examine bien leurs principes.

XI

Fais-toi une loi de contempler les transformations de tous les êtres les uns dans les autres, ne cesse pas d'y apporter toute ton attention, et sois rompu à cet exercice. Rien n'est plus capable d'inspirer à l'âme de nobles sentiments : elle se détache ainsi du corps. Celui qui pense que bientôt il faudra tout quitter en quittant les hommes se soumet sans réserve aux lois de la justice pour tout ce qui dépend de lui, et aux lois de la nature dans tous les autres cas. Ce qu'on pourra dire ou penser de lui ou faire contre lui ne lui vient même pas à l'esprit; il se borne à ces deux règles de conduite : pratiquer la justice dans ce qu'il fait à l'instant même, et accepter avec résignation à l'instant même ce que la nature lui a dévolu. Exempt de tout autre soin, de tout autre intérêt, il ne se propose que de marcher droit devant lui, selon la loi, et de suivre Dieu qui lui trace la route.

XII

Qu'est-il besoin de faire des conjectures, quand on peut voir sur-le-champ ce qu'il y a à faire? Si tu le vois, marche vers ton objet paisiblement et sans regarder en arrière; si tu ne le vois pas, suspens ta résolution, et prends l'avis des plus sages conseillers. Enfin, s'il se présente encore quelque obstacle sur ta route, réfléchis bien, et, selon les circonstances, marche en te conformant à ce qui te paraîtra le plus juste. C'est le but préférable, puisque, en cherchant à l'atteindre, on n'est exposé à aucune chute. Celui qui en toutes choses suit la raison sait concilier la lenteur avec la vivacité nécessaire, et l'enjouement avec la gravité.

XIII

Aussitôt que tu te réveilles, demande-toi: « Auras-tu intérêt qu'un autre que toi fasse des actions justes et honnêtes? — Non. » — As-tu oublié que ces gens qui le prennent de haut lorsqu'ils louent et blâment les autres montrent la même arrogance quand ils sont au lit, et quand ils sont à table? As-tu oublié ce qu'ils font, ce qu'ils évitent, ce qu'ils recherchent, ce qu'ils dérobent furtivement, ce dont ils s'emparent de vive force? Ce ne sont pas leurs mains ou leurs pieds qui sont coupables; c'est la plus précieuse partie d'eux-mêmes, celle qui produit, lorsqu'elle le veut, la bonne foi, la pudeur, la sincérité, la justice, enfin un bon génie.

XIV

L'homme instruit et modeste dit à la nature qui donne et reprend tout : « Donne-moi ce que tu veux, reprends ce que tu veux » ; et il ne le dit point par bravade, mais uniquement par un sentiment de résignation et par déférence pour elle.

XV

Il te reste bien peu de temps à vivre. Vis comme sur une montagne ; car peu importe qu'on soit ici ou là, dès que l'on peut vivre partout dans le monde comme dans une cité.

Que les hommes voient et connaissent en ta personne un homme véritable qui vit conformément à la nature. S'ils ne peuvent te laisser faire, qu'ils te tuent. Mieux vaut mourir que de vivre comme eux.

XVI

Il ne s'agit plus de discuter cette thèse : Qu'est-ce que l'homme de bien ? Mais d'être homme de bien.

XVII

Représente-toi sans cesse l'éternité du temps et l'immensité de la matière ; chaque corps n'est, par rapport à celle-ci, qu'un grain de millet, et sa durée n'est, par rapport au temps, qu'un tour de vrille.

XVIII

En t'arrêtant devant chaque objet qui se présente, imagine-toi qu'il se dissout déjà, qu'il est en voie de changer de forme, de se pourrir, de se dissiper ; et songe que tout est né pour mourir.

XIX

Qu'est-ce que ces hommes qui ne font que boire et manger, dormir, s'accoupler, évacuer et le reste ? Et qu'est-ce encore que ces hommes qui en gouvernent d'autres avec des airs d'importance ou en éclatant de colère et traitant de haut en bas leurs inférieurs ? Il y a peu de temps ils faisaient bassement leur cour : à combien de personnes ? et dans quel but ? Dans peu de temps, les uns et les autres seront réduits au même état.

XX

Ce que la nature de l'univers apporte à chacun de nous est utile à chacun de nous, et lui est utile au moment où elle l'apporte.

XXI

La terre aime la pluie, l'air bienfaisant l'aime aussi ; le monde aime à faire tout ce qui doit exister. Je dis donc au monde : « J'aime tout ce que tu aimes[1]. » Est-ce que de ceci on ne dit pas de même qu'il « aime[2] » à arriver ?

XXII

Ou tu vis ici, et déjà tu en as l'habitude ; ou tu vas au dehors, et tu l'as voulu ; ou tu meurs, et

1. Citations d'un poëte inconnu.
2. En grec, φιλεῖν, aimer, signifie aussi *avoir coutume*.

ta tâche est faite. Voilà toute la vie. Sois donc rassuré.

XXIII

Tiens toujours pour évident que la campagne n'est pas différente de ceci, et que tout ici est identiquement semblable à ce qui se trouve au sommet d'une montagne, ou au bord de la mer, ou partout ailleurs. Ainsi tu reconnaitras la justesse de ce mot de Platon : « Tu peux vivre dans « l'enceinte d'une ville comme le berger qui vit « sur une montagne, dans sa cabane, et trayant ses « brebis[1]. »

XXIV

En quel état est mon âme, mon guide ? Qu'est-ce que j'en fais en ce moment ? A quoi me sert-elle présentement ? N'est-elle pas dépourvue d'entendement ? Ne s'est-elle pas détachée ou même arrachée de la société des hommes ? Ne s'est-elle pas agglutinée et mêlée assez intimement à la chair pour s'être identifiée avec elle ?

XXV

Celui qui fuit son maître est un déserteur. Or, la loi est notre maître ; donc celui qui la transgresse est un déserteur. Mais celui qui s'afflige,

---

1. Emprunté au dial. *Théétète*.

qui se fâche, qui craint, se refuse à ce qui s'est fait, se fait ou se fera conformément à l'ordre des choses établi par l'organisateur suprême. Or, celui-ci est la loi, c'est lui qui distribue à chacun son lot. Donc, celui qui craint, qui s'afflige, qui se fâche est un déserteur.

XXVI

Celui qui vient de déposer dans le sein d'une mère le germe d'un embryon s'en va ; mais une autre cause lui succède, fait le reste, et achève le corps de l'enfant. Quelle merveilleuse production d'une telle matière ! Cette même cause fournit encore à l'enfant par la bouche de la mère un aliment convenable ; puis une autre cause reprenant ce qui reste à faire, produit en lui le sentiment et l'instinct, en un mot la vie, la force et les autres facultés. Or, que de facultés ! et qu'elles sont admirables ! Bien que toutes ces opérations soient mystérieuses, il faut les contempler et y reconnaître la puissance qui les exécute, comme nous reconnaissons la force qui attire en bas certains corps et qui en porte en haut certains autres. Ces phénomènes, pour n'être pas visibles aux yeux, n'en sont pas moins évidents.

XXVII

Ne te lasse pas de considérer que tout ce qui se fait aujourd'hui s'est toujours fait et se fera tou-

jours. Passe en revue toutes les comédies, toutes
les scènes du même genre que tu as eues sous les
yeux ou que tu connais par l'histoire ancienne,
rappelle-toi par exemple toute la cour d'Adrien,
toute la cour d'Antonin, toute la cour de Philippe,
d'Alexandre, de Crésus. Tout cela n'était pas différent de ce que tu vois : c'étaient seulement
d'autres acteurs.

XXVIII

Tout homme qui s'afflige ou s'indigne d'un événement quelconque ressemble au jeune porc qui,
pendant qu'on l'immole, regimbe et crie. Il en est
de même, crois-le bien, de celui qui, étendu dans
son lit, y déplore seul en secret la destinée qui
nous enchaîne. Songe aussi qu'il n'a été donné
qu'à l'être raisonnable de céder volontairement à
tout ce qui lui arrive ; car ne faire qu'y céder
simplement, c'est pour tous les êtres une chose
inévitable.

XXIX

Examine à part chacune des choses que tu fais,
et demande-toi si la mort est redoutable parce
qu'elle te prive de celle-ci ou de celle-là.

XXX

Lorsque tu es exaspéré d'une faute de quelqu'un, aussitôt fais un retour sur toi-même ;

compte les fautes à peu près semblables que tu commets : par exemple, en regardant comme un bien l'argent, ou le plaisir, ou la vaine gloire et autres choses pareilles. Cette réflexion fera bientôt disparaître ton humeur. Ajoute que c'est malgré lui qu'il a péché. Que pouvait-il faire ? Ou bien, si tu le peux, délivre-le de la violence qu'il subit.

XXXI

En voyant Satyron, songe à un disciple de Socrate, par exemple Eutychès ou Hymen ; en voyant Euphratès, songe à Eutychion ou à Silvain ; en voyant Alciphron, songe à Tropéophore ; en voyant Xénophon, songe à Criton ou à Severus[1] ; et, quand tu jettes un regard sur toi-même, songe à quelqu'un des Césars ; en un mot, compare chaque personnage avec quelque autre qui ait eu du rapport avec lui. Fais ensuite cette réflexion : Où sont donc ces hommes-là ? Nulle part ou bien en tel lieu que l'on voudra. Ainsi tu auras sans cesse sous les yeux le spectacle des choses humaines qui ne sont que fumée et néant, surtout si tu te ressouviens que ce qui a changé une fois de forme ne reparaîtra plus jamais dans la suite

---

1. Euphratès, philosophe originaire d'Égypte, est mentionné dans les dissertations d'Épictète. — .Eutychion est peut-être le même personnage que Eutychius Proculus, l'un des maîtres de Marc Aurèle. — Alciphron, philosophe né à Magnésie. — Xénophon et Criton, disciples célèbres de Socrate. — Severus : voy. liv. I, 14. — Les autres noms propres cités ici désignent des personnages qui nous sont inconnus.

infinie des siècles. Pourquoi donc concevoir de vastes pensées? Eh quoi! ne te suffit-il pas de passer avec honnêteté le peu de jours dont tu disposes?

Quelle matière, quel objet veux-tu éviter? Car enfin, qu'est-ce que tout cela, sinon des occasions d'exercice pour l'âme qui a bien et méthodiquement réfléchi sur tout ce qui se présente dans le cours de la vie? Arrête-toi donc jusqu'à ce que tu te sois approprié ces idées, comme un estomac robuste s'approprie toutes sortes d'aliments, comme un feu ardent transforme en flamme et en lumière tout ce qu'on jette dans son brasier.

XXXII

Que personne ne puisse dire avec vérité que tu n'es pas simple, ou que tu n'es pas honnête homme.

Fais mentir quiconque aura de toi cette opinion; et cela dépend de toi. Quelqu'un peut-il en effet t'empêcher d'être bon et simple? Prends seulement la résolution de renoncer à la vie plutôt qu'à ces vertus; car la raison ne te permet pas de vivre autrement.

XXXIII

Qu'y a-t-il à faire ou à dire de plus raisonnable dans cette conjoncture? Car enfin, que ce soit ceci ou cela, il ne tient qu'à toi de le faire ou de le dire ; et ne va pas prétendre que tu en es empêché.

Tu ne cesseras de gémir que lorsque tu seras parvenu, comme les efféminés qui se livrent à la mollesse, à faire avec plaisir, en toute occasion et en toute matière, ce qui est le propre des facultés essentielles de l'homme. Il faut que tu trouves une douce satisfaction en tout ce qu'il t'est possible de faire conformément à ta propre nature. Or, tu le peux partout et toujours.

Il n'est pas donné au cylindre de s'imprimer spontanément à lui-même et partout le mouvement qui lui est propre; ni non plus à l'eau, ni au feu, ni aux autres êtres soumis uniquement aux lois de la nature ou d'un aveugle instinct : ils se trouvent contenus et arrêtés par mille empêchements. Mais l'âme, intelligence et raison, est en état de passer à travers tout obstacle qui se présente : elle a pour elle sa nature et son libre arbitre. Ne perds pas de vue ce privilège de la raison qui passe aisément à travers tout, comme le feu s'élève en l'air, comme une pierre tombe en bas, comme un cylindre roule sur une pente ; et ne cherche rien de plus.

Au reste, quant aux obstacles, ou ils n'existent que pour le corps, c'est-à-dire le cadavre, ou ils ne peuvent causer ni blessure ni mal quelconque à l'âme, à moins qu'elle ne s'en fasse une fausse opinion et que la raison ne s'égare ; autrement, l'homme vaincu d'avance deviendrait par là même mauvais.

De tous les autres êtres organisés il n'en est aucun qui puisse éprouver quelque accident sans qu'aussitôt il devienne moins bon qu'il n'était ; ici, au contraire, l'homme devient à la fois, j'ose le dire, meilleur et plus estimable, s'il use bien des contretemps qu'il essuie.

En thèse générale, souviens-toi que le citoyen par droit de naissance ne saurait être blessé de ce qui ne blesse pas le corps de la cité, et que la cité même n'est blessée que par ce qui porte atteinte à la loi ; or, aucune de ces éventualités que le vulgaire appelle malheurs ne porte à la loi de grave atteinte : en conséquence, la loi restant indemne, ni la cité, ni le citoyen n'ont à souffrir.

XXXIV

Quand un homme est imbu des vrais principes, le mot le plus court et même le plus rebattu suffit pour bannir de son cœur la tristesse et la crainte. Exemple :

« Telles les feuilles : le vent fait tomber les unes à terre,...
. . . .
Telle la génération des hommes[1]... »

Oui, tes chers enfants ne sont que de pauvres feuilles ; feuilles aussi ces hommes qui t'acclament

---

1. Voy. *Iliade*, liv. VI, vers 147 et suivants.

avec une apparente sincérité et te bénissent ou peut-être au contraire te maudissent et t'accablent secrètement de leurs reproches et de leurs sarcasmes ; feuilles également ceux qui après ta mort évoqueront ton souvenir. Toutes ces feuilles naissent avec le printemps, puis le vent les abat ; ensuite la forêt en fait pousser d'autres à leur place. Mais la destinée commune est de ne durer qu'un instant ; et toi, en tout tu crains et tu désires comme si tout devait être éternel.

Encore un peu de temps, et tu fermeras les yeux ; et celui qui t'aura conduit au tombeau sera bientôt pleuré par un autre à son tour.

XXXV

L'œil sain doit être en état de voir tout ce qui est visible, et ne pas dire : « Je veux du vert » ; car c'est là le langage d'un œil malade. De même, dans l'état de santé, les organes de l'ouïe et de l'odorat doivent être aptes à percevoir toutes sortes de sons et d'odeurs ; et un bon estomac doit être capable de digérer indifféremment des aliments de toutes sortes, comme une meule de moulin est faite pour broyer toute sorte de grains. Il faut donc aussi qu'une raison bien saine soit prête à affronter toute sorte d'événements. Celle qui dit : « Puissent mes enfants être sauvés ! » et encore : « Puissent mes actions recevoir l'approbation universelle ! » est comme un œil qui désire du vert, ou des dents qui veulent du tendre.

XXXVI

Aucun homme n'est assez heureux pour n'avoir pas en mourant quelqu'un près de lui qui soit bien aise de ce funeste événement. Que ce soit un homme vertueux et sage, ne se trouvera-t-il pas quelqu'un qui, le voyant à sa dernière heure, dira : « Nous allons enfin respirer, débarrassés de ce moraliste. Il est vrai qu'il n'avait de rigueur pour aucun de nous ; mais nous sentions bien que dans son for intérieur il nous condamnait. » Voilà pour l'homme de bien.

Quant à nous, *souverains*, combien d'autres motifs font souhaiter à beaucoup de gens d'être délivrés de nous ! Tu devras y songer à l'heure de ta mort ; tu auras moins de peine à t'en aller d'ici-bas, car tu pourras dire : « Je quitte une vie où ceux avec qui je la partageais, pour qui j'ai tant travaillé, fait tant de vœux, éprouvé tant d'inquiétudes, sont ces misérables mêmes qui veulent ma mort, dont peut-être ils espèrent quelque avantage. Pourquoi donc s'obstiner à rester ici plus longtemps ?

Cependant ne t'en va pas moins bien disposé pour cela envers eux ; continue de leur témoigner, comme toujours, de l'affection, de la bienveillance, de l'indulgence : ne les quitte pas non plus comme si on t'arrachait de cette vie. Vois, quand une mort est belle, comme l'âme se dégage tranquillement des liens du corps : ton départ de la société de ces hommes doit se faire avec la même tranquillité. La nature t'avait attaché et uni avec eux ; mais aujourd'hui elle t'en détache. Je m'en sépare, il est vrai, comme d'une famille, sans déchirement de cœur toutefois, et sans résistance ; car cette séparation est un acte conforme à la nature.

XXXVII

Prends l'habitude, en observant les actions d'un homme, de te faire, autant qu'il se pourra, cette question : « Quel est le but que cet homme se propose ? » Mais commence par toi-même, et scrute d'abord le fond de ton cœur.

XXXVIII

Souviens-toi que ce qui te met en mouvement comme une marionnette est enfermé et se cache au dedans de toi. C'est cela qui se fait écouter, cela qui est la vie, cela qui, si j'ose le dire, est l'homme. Garde-toi bien de confondre avec cela le vase qui le renferme et les organes appliqués à cet argile. Ces organes sont pour toi comme une hache, avec cette différence qu'ils sont nés avec toi. Mais, sans la cause qui les fait mouvoir et qui les modère, ces parties du corps ne te seraient pas plus utiles que la navette isolément ne le serait à la tisseuse, la plume à l'écrivain, le fouet au cocher.

LIVRE ONZIÈME

I

Voici les propriétés de l'âme raisonnable : elle se voit elle-même, s'organise elle-même, se façonne elle-même comme il lui plaît ; elle recueille les fruits qu'elle porte, au lieu que le produit des plantes et celui des animaux sont recueillis par d'autres. Elle atteint toujours sa propre fin, quel que soit le moment où se termine la vie. Car il n'en est pas d'elle comme d'un ballet et d'une pièce de théâtre ou d'autres représentations qui restent imparfaites si on les interrompt. A quelque âge, en quelque lieu que la mort la surprenne, elle forme du temps passé pour elle un tout achevé et complet, de sorte qu'elle peut dire : « J'ai tout ce qui m'appartient. » De plus, elle parcourt le monde entier et le vide qui l'environne ; elle en examine la configuration ; sa vue s'étend jusqu'à l'éternité ; elle embrasse et considère le renouvellement périodique de l'univers ; elle conçoit que ceux qui viendront après nous ne verront rien de nouveau, comme ceux qui nous ont devancés n'ont vu rien de plus que ce que nous voyons, et qu'ainsi un homme qui a vécu quarante ans, pour peu qu'il ait d'entendement, a vu en quelque sorte tout ce qui a été avant lui et tout ce qui sera après, puisque tout se suit avec uniformité. Le propre d'une âme raisonnable est aussi l'amour du prochain, la vérité, la pudeur, le respect d'elle-même avant tout, ce qui est aussi le caractère propre de la loi. C'est ainsi que la droite raison ne diffère en rien des règles de la justice.

II

La beauté d'un chant, la danse, le pancrace pourront te paraître méprisables. Décompose, par exemple, un air harmonieux en chacun de ses tons, et sur chacun d'eux demande-toi si c'est celui-là qui t'a charmé : tu rougiras sans doute d'en faire l'aveu. Au sujet de la danse, procède de la même façon, analyse chaque mouvement, chaque attitude ; et uses-en de même pour le pancrace.

En un mot, exception faite de la vertu et de ce qui vient d'elle, souviens-toi de considérer au plus vite chaque objet dans ses détails, afin que par cette analyse tu en viennes à le mépriser ; et applique cette méthode à toute ta vie.

III

Quelle âme que celle qui est prête à se dégager des liens du corps, à l'instant même, s'il le faut, soit pour s'éteindre ou pour se dissiper, soit pour subsister à part ! Je dis prête par un effet de ses réflexions particulières, non par pure émulation comme les Chrétiens, mais avec conviction et gravité, et de manière à gagner l'âme d'un autre sans tragique ostentation.

IV

Ai-je fait quelque chose pour la société? J'ai donc travaillé à mon avantage. Que cette vérité soit toujours présente à ton esprit, et travaille sans cesse.

V

Quel est ton métier? D'être homme de bien. Comment le devenir sûrement, sinon par les principes qu'inspire l'étude de la nature universelle et de la constitution particulière de l'homme?

VI

On donna d'abord en spectacle la tragédie qui, en représentant les accidents de la vie humaine, rappelle qu'ils sont imposés par la nature et que les mêmes choses qui vous ont amusés au théâtre ne doivent pas vous paraître insupportables sur la grande scène du monde. Elle fait voir en effet que ces accidents se produisent en vertu d'une loi fatale à laquelle ne peuvent se soustraire même ceux qui crient : « Ah! Cithéron[1] ! »

1. V. Sophocle, *Œdipe roi*, v. 1391.

Les poètes dramatiques d'ailleurs émettent parfois d'utiles pensées, entre autres celle-ci, par exemple :

« Si les dieux n'ont pris aucun soin de moi et de « mes deux enfants, cela même ne se fait pas « sans raison[1] »; et celle-ci :

« Il ne faut pas s'irriter contre les événements[2] »; celle-ci encore :

« Moissonner la vie comme un épi fécond[2] »; et autres pensées semblables.

Après la tragédie vint la comédie ancienne qui fit la maîtresse, parla en toute liberté, eut la prétention de réformer des abus et de donner des leçons de modestie en appelant chaque chose par son nom. Diogène, dans les mêmes intentions, lui emprunta plusieurs traits.

Considère ensuite ce qu'a été la comédie moyenne, et enfin quel but s'est proposé la nouvelle qui insensiblement n'est devenue qu'une représentation ingénieuse des mœurs. Qu'on y trouve aussi çà et là d'utiles leçons, nul ne le conteste; mais ce genre de poésie, cette composition dramatique, dans son ensemble, quelle fin se propose-t-elle ?

VII

Comment vois-tu bien qu'il n'y a pas de plan de conduite plus propre à l'étude de la sagesse que celui auquel tu te conformes en ce moment?

---

[1]. Citations d'un poète tragique inconnu.
[2]. Voy. liv. VII, 41, 38, 40.

VIII

Il est impossible qu'une branche détachée d'une branche voisine ne le soit pas en même temps de l'arbre tout entier. De même un homme détaché d'un autre homme se trouve retranché de la société tout entière. C'est une main étrangère qui coupe la branche; mais c'est l'homme qui se sépare lui-même de son prochain, en le prenant en haine et en aversion. Ah! il ignore que, par là même, il rompt les liens qui l'attachaient au corps de l'État. Cependant par une faveur de Jupiter, qui a constitué la société, nous avons l'heureux pouvoir de nous réunir au prochain dont nous nous sommes séparés, et par là de redevenir partie d'un même tout; mais, si cette séparation vient à se produire trop souvent, la réunion et le rétablissement en deviennent difficiles. En un mot, il y a toujours une sensible différence entre la branche qui dès l'origine a crû et végété avec l'arbre, et celle qui, après la séparation, y a été remise et greffée, quoi qu'en disent les jardiniers.

Végéter avec l'arbre dont je suis un rejeton, n'avoir à part que mes pensées.

IX

Ceux qui te font obstacle dans le chemin de la raison ne sauraient te détourner d'une bonne action : ainsi donc qu'ils ne bannissent pas de ton cœur les sentiments de bienveillance envers eux. Mais tiens-toi sur tes gardes de deux côtés à la fois : montre non seulement de la fermeté dans ta façon de penser et d'agir, mais encore une inaltérable douceur envers ceux qui essaient de te faire obstacle ou qui te causent quelque autre mécontentement. Car il n'y aurait pas moins de faiblesse à leur en vouloir du mal qu'à t'abstenir de ta bonne action et à te laisser intimider : c'est être en effet également coupable de désertion que de reculer par crainte *de l'ennemi* ou de vivre en mésintelligence avec celui que la nature t'a donné pour frère et pour ami.

X

Jamais la nature n'est inférieure à l'art; car l'art n'est qu'une imitation des œuvres de la nature. S'il en est ainsi, la parfaite nature, celle qui embrasse toutes les autres, ne saurait le céder en habileté au simple artiste. Or, dans tous les arts, ce qu'il y a de moins bon n'est fait que pour ce qu'il y a de meilleur; et il en est ainsi dans la commune nature. De là l'existence primordiale de la justice, principe et base de toutes les autres vertus. Car ce n'est pas pratiquer la justice que de nous tourmenter pour de vils intérêts, de fermer les yeux devant la vérité, d'être sujets à la colère et à l'inconstance.

X

S'il est vrai que les objets qui troublent ton âme par les désirs ou les craintes qu'ils t'inspirent ne viennent pas te trouver, mais que c'est toi qui pour ainsi dire va vers eux, modifie l'opinion que tu t'en fais : ces objets resteront à leur place, et l'on te verra exempt de désirs et de craintes.

XII

L'âme ressemble à une sphère parfaite, lorsqu'elle ne s'étend point vers quelque objet extérieur, qu'elle ne se contracte, ne se rétrécit ni ne s'affaisse d'elle-même, mais brille de la lumière qui lui fait apercevoir la vérité en tout et particulièrement au dedans d'elle-même.

XIII

Un tel va me mépriser? C'est son affaire ; la mienne est de prendre garde que dans mes actions ou mes paroles on ne trouve rien qui justifie son mépris.—Il va me haïr? C'est son affaire. La mienne est de n'avoir que de l'indulgence et de la bienveillance pour tout le monde, et d'être prêt à le détromper lui-même, non avec insolence, ni en affectant de la modération, mais avec une noble franchise et avec bonté, comme on usait le grave Phocion, si toutefois il agissait sans feinte; car il

faut que ces sentiments partent du cœur, et que
les dieux y voient un homme que rien n'exaspère
et qui ne s'affecte de rien. Que peut-il d'ailleurs
t'arriver de mal, si tu fais présentement ce qui est
le propre de ta nature, et que tu te résignes à
tout ce qui convient présentement à la nature de
l'univers, en homme créé pour laisser faire en
toutes façons ce qui est de l'intérêt commun.

XIV

Ces gens-là se méprisent les uns les autres,
et en même temps ils s'accablent de caresses; ils
ne cherchent qu'à se supplanter, et ils rampent les
uns devant les autres à qui mieux mieux.

XV

Quel langage insipide et faux que celui-ci : « J'ai
résolu de traiter en toute franchise avec vous »! Que
fais-tu, ô homme ? A quoi bon ce préambule ? La
chose se fera voir d'elle-même. Ta parole a dû être
écrite tout d'abord sur ton front. Ce qu'elle exprime
doit éclater dans tes yeux, comme la pensée dans
le regard des amants où rien n'échappe à la clairvoyance de l'être aimé.

En un mot, l'homme franc et honnête doit être
en quelque sorte comme celui qui exhale une odeur
particulière : dès qu'on l'approche, on sent, bon gré
mal gré, avec qui l'on a affaire.

L'affectation de franchise est un poignard dissimulé. Rien de plus indigne que les perfides caresses[1] ; évite-les par dessus tout. L'homme vertueux, simple et bienveillant a des yeux qui disent toute sa pensée, sans aucune dissimulation.

XVI

Il est un secret de vivre heureux, et c'est dans l'âme qu'il réside. Il suffit qu'on reste indifférent aux choses qui par elles-mêmes ne sont ni bonnes ni mauvaises. Le moyen d'y rester indifférent c'est de considérer chacune d'elles à part, dans ses détails et son ensemble, en remarquant bien qu'aucune ne nous oblige à concevoir d'elle une opinion quelconque, ni ne vient nous chercher. Toutes restent immobiles à leur place : c'est nous qui portons un jugement sur elles, et qui le gravons pour ainsi dire en nous-mêmes. Or, il dépend de nous de ne le point graver, et même de l'effacer, s'il se glisse furtivement dans notre esprit. Au reste cette vigilante attention sera de peu de durée, puisqu'elle finira bientôt avec notre vie. Après tout, qu'y a-t-il là de bien difficile? Si les choses qui se présentent conviennent à ta nature, accepte-les avec plaisir; ainsi, point de difficulté. Si elles n'y conviennent pas, cherche en toi-même

---

1. Nous traduisons ainsi le mot λυκοφιλία qui est dans le texte, proprement « amitié de loup », par allusion à la fable antique imitée par La Fontaine : *Les Loups et les Brebis*, Voy. La Fontaine, *Fables*, liv. III, 13.

ce qui peut y convenir, et vole à ce but, n'eût-il
rien de glorieux. Tout homme a son excuse, quand
il cherche son propre bien.

XVII

Considère d'où chaque être est venu, de quels
éléments il se compose, en quoi il se transforme,
ce qu'il est après sa transformation, et *constate*
qu'il ne peut lui en arriver aucun mal.

XVIII

Remarques.
Premièrement, quel lien naturel me rattache à
ces hommes? C'est que nous sommes nés les uns
pour les autres, et que, sous un autre point de
vue, je suis né pour me placer à leur tête, comme
un bélier va devant le bétail, ou le taureau devant
le troupeau. Mais remonte plus haut, à l'origine :
abstraction faite des atomes, c'est la nature qui
règle tout dans l'univers : s'il en est ainsi, les êtres
moins bons sont faits pour les meilleurs, et ceux-
ci les uns pour les autres.

Secondement, quelle est la conduite de ces
hommes à table, au lit, ailleurs? Surtout à quelles
misères ne se trouvent-ils pas fatalement réduits
par leurs opinions? Et cependant que d'orgueil
avec leurs misères!

Troisièmement, dans leur conduite, s'ils font
bien, il ne faut pas en être mécontent; s'ils font

mal, c'est involontairement, sans doute, et par ignorance. Toute âme, en effet, n'est privée que malgré elle non seulement de la connaissance de la vérité, mais encore de cette justice qui la porte à traiter chacun comme il le mérite. C'est pour cela qu'ils ne souffrent pas qu'on les taxe d'injustice, d'ingratitude, de cupidité, en un mot de malhonnêteté envers le prochain.

Quatrièmement, toi aussi tu as bien des faiblesses, et les mêmes défauts que les autres. Si tu t'abstiens de certaines fautes, tu n'en es pas moins disposé à les commettre : c'est la peur ou l'amour-propre ou quelque autre mauvais motif semblable qui t'empêche de faillir comme eux.

Cinquièmement, sont-ils même si coupables? Tu n'en as pas la certitude. Beaucoup de détails entrent dans la gestion des affaires ; et, en général, il faut être renseigné sur bien des circonstances, avant de se prononcer péremptoirement sur la conduite d'autrui.

Sixièmement, éprouves-tu une violente indignation ou une vive impatience? Songe que la vie de l'homme n'a qu'une très courte durée ; au bout d'un instant nous sommes tous au tombeau.

Septièmement, ce qui nous met en colère ce ne sont pas les actions des autres, car elles ont leur principe dans l'esprit qui les guide eux-mêmes ; ce sont nos propres opinions. Supprime donc ton opinion ; cesse résolument de juger leurs actions comme étant fâcheuses pour toi, et ta colère se dissipera. — Mais comment supprimer ton opinion ? — En te faisant ce raisonnement, qu'il n'y a là rien qui soit honteux pour toi. Or, le vrai mal ne consiste que dans ce qu'il est honteux de faire soi-même. S'il en était autrement, tu serais, malgré toi, coupable de bien des fautes, tu pourrais être même un brigand ou tout autre malfaiteur.

Huitièmement, combien la colère et le chagrin suscités par les actions d'autrui nous font plus de mal que les actions mêmes qui nous mettent en colère et nous chagrinent !

Neuvièmement, la douceur est une force invincible, lorsqu'elle est sincère, sans affectation ni déguisement. Que pourra te faire le plus insolent des hommes, si tu persistes à le traiter avec douceur ; si, lorsque l'occasion le permet, tu te contentes de lui donner paisiblement des avis et une sage leçon au moment même où il s'efforce de t'outrager ? « Non, mon enfant ; nous sommes nés « pour agir autrement ; ce n'est pas à moi que tu « feras tort ; mais tu te fais tort à toi-même, mon « enfant. » Fais-lui comprendre, mais avec tact et en thèse générale, que c'est là une vérité, que même les abeilles et les autres êtres nés pour vivre en société n'agissent pas ainsi. Cependant il ne faut pas que cette leçon ait l'air d'une moquerie, ni d'une insulte ; tu dois la faire sur un ton affectueux, et sans acrimonie ; non comme un maître d'école, ni pour te faire admirer de quelqu'un de l'entourage, mais comme n'ayant en vue que lui seul, y eût-il d'autres témoins.

Souviens-toi de ces neuf articles, comme d'autant d'inspirations des Muses, et commence enfin à être homme pour le reste de la vie.

Il faut éviter avec soin de s'irriter contre les hommes et, avec un soin égal, de les flatter. Ce sont deux excès contraires à la vie sociale et qui peuvent être pernicieux. Dès que tu éprouves de l'humeur, rappelle-toi qu'il est indigne de l'homme de se laisser emporter par la colère, que la patience et la douceur sont des qualités à la fois plus humaines et plus viriles : elles dénotent de la force, du nerf, du courage ; et l'on ne peut en dire autant de l'emportement et du dépit. Plus la patience se rapproche de l'impassibilité, plus elle est un indice de puissance. Si le chagrin est un signe de faiblesse, la colère en est un autre : dans l'un et l'autre cas on a reçu des blessures, on a capitulé.

Si tu le veux, écoute cette dixième observation, oracle du dieu qui conduit les Muses. Vouloir que les méchants ne commettent point de fautes, c'est folie, car c'est vouloir l'impossible ; d'autre part, admettre qu'ils soient pour les autres les méchants qu'ils sont, et vouloir qu'ils s'abstiennent de toute faute envers toi, c'est raisonner en insensé et en despote.

XIX

Il y a quatre dispositions de l'âme contre lesquelles il faut être continuellement en garde ; dès que tu les surprends sur le fait, tu dois les détruire en faisant sur chacune d'elles ces diverses réflexions : ceci est un fantôme de mon imagination, et n'est pas nécessairement vrai ; cela tend à ruiner la société ; tu vas dire telle chose que tu ne penses pas au fond du cœur, songe qu'il n'y a rien de plus misérable que de parler contre ses vrais sentiments. Enfin, dans le quatrième cas, tu auras un juste motif de te faire des reproches, puisque alors la partie la plus divine de toi-même se trouve vaincue et assujettie à la moins estimable, à la partie mortelle, au corps et à ses grossiers appétits.

XX

Toutes les parties d'air et de feu qui entrent dans ton organisme ont une tendance naturelle à s'élever dans l'atmosphère, cependant elles obéissent à l'ordonnance générale de ta constitution et s'y maintiennent enfermées dans l'ensemble. De même, toutes les parties de terre et d'eau qui sont en toi ont une tendance à se porter vers le sol, cependant elles se tiennent debout et gardent une situation qui ne leur est pas naturelle. Ainsi donc les éléments obéissent à la loi générale : quand ils ont été disposés dans un ordre quelconque, ils se font violence pour s'y maintenir jusqu'à ce que la même loi leur donne le signal de la dissolution. N'est-il donc pas étrange que la partie intelligente de ton être soit la seule indocile, la seule mécontente de la place qui lui est assignée? On ne lui impose rien qui la violente, on ne lui prescrit que ce qui convient à sa propre nature; cependant elle ne le souffre pas, mais se révolte pour faire tout le contraire; car ce qui la porte à l'injustice, à l'intempérance, à la colère, à la tristesse, à la crainte n'est qu'un mouvement de révolte contre sa nature. Toutes les fois que l'âme s'affecte d'un accident de la vie, elle abandonne le poste qui lui est confié. Elle est faite pour la sainteté et la piété non moins que pour la justice ; ces deux vertus en effet sont deux conditions de la sociabilité ; elles sont même antérieures aux actes de justice.

XXI

Celui dont la vie n'a pas un seul et même but ne saurait être non plus un seul et même homme dans tout le cours de sa vie. Ce n'est pas assez dire, si tu n'ajoutes quel doit être ce but. Puisque tous les hommes n'ont pas la même opinion sur tout ce que le vulgaire considère à sa façon comme des biens, mais ne s'accordent que sur certains biens, je veux dire sur ceux qui le sont en effet

pour toute la société, il en résulte qu'on ne doit
se proposer pour but que le bien de l'humanité
et celui de ses concitoyens. C'est en dirigeant tous
ses efforts vers ce but que l'on mettra en parfaite
harmonie toutes ses actions, et que l'on sera par
conséquent toujours le même.

XXII

Rappelle-toi le rat des montagnes et le rat domestique, les frayeurs et les agitations de celui-ci.

XXIII

Socrate appelait les préjugés de la multitude
des Lamies, épouvantails des enfants [1].

XXIV

Les Lacédémoniens, dans leurs spectacles, plaçaient à l'ombre les gradins destinés aux étrangers, et ils s'asseyaient eux-mêmes n'importe
où.

XXV

Perdiccas ayant demandé à Socrate pourquoi il
ne venait pas chez lui : « C'est, répondit le philosophe, afin de n'avoir pas la plus triste des

1. Voy. Le *Phédon*, le *Criton*, et Épictète, *Dissertations*, II, 1.

morts[1]; » autrement dit : de crainte de recevoir du bien sans pouvoir en faire à mon tour.

XXVI

Dans les livres des Éphésiens se trouvait ce précepte : « Aie toujours présent à ta pensée le souvenir de quelque ancien recommandable par sa vertu. »

XXVII

Les Pythagoriciens nous recommandent de lever les yeux vers le ciel dès le matin, afin d'avoir devant nous le souvenir de ces êtres qui toujours par les mêmes routes et de la même manière accomplissent leur tâche, et de nous rappeler leur ordre, leur pureté, leur nudité ; car un astre n'a aucun voile.

XXVIII

Rappelle-toi l'attitude de Socrate n'ayant pour tout vêtement qu'une ceinture de peau de mouton, le jour où Xanthippe était sortie avec les habits du philosophe, et les paroles qu'il adressa à ses amis, lorsque, l'ayant aperçu dans cet accoutrement, ils reculèrent en rougissant de confusion[2].

1. Voy. Aristote, *Rhét.*, II. 23.
2. Sur cette particularité de la vie de Socrate, les renseignements nous font défaut.

XXIX

Qu'il s'agisse de lire et d'écrire, tu ne donneras pas de leçon avant d'en avoir reçu : il en est de même à plus forte raison dans la conduite de la vie.

XXX

« N'étant qu'un esclave, tu n'as pas le droit de parler[1]. »

XXXI

..... « Et je riais dans mon cœur[2]. »

XXXII

« Et ils critiqueront la vertu dans des termes impitoyables[3]. »

XXXIII

Chercher une figue sur l'arbre en hiver, pure folie : égale folie de chercher son enfant, lorsqu'il n'est plus possible de le revoir[4].

1. Vers iambique d'un poète inconnu.
2. Voy. *Odyssée*, liv. IX, v. 413.
3. Vers d'un poète inconnu.
4. Voy. Épictète, *Dissert.* III, 24.

XXXIV

Il faut, observait Épictète, lorsqu'on embrasse son enfant, dire de lui en soi-même : « Demain peut-être tu mourras[1]. » — Paroles de mauvais augure. — Non, reprenait-il, il n'y a là rien de mauvais augure ; on ne fait que présager une opération naturelle ; autrement il serait de mauvais augure de dire que les épis sont moissonnés.

XXXV

Raisin vert, raisin mûr, raisin sec, tout cela n'est que changement, non en ce qui n'est pas, mais en ce qui n'est pas encore.

XXXVI

Il n'y a point de ravisseur du libre arbitre : c'est un mot d'Épictète.

XXXVII

Le même Épictète recommandait de découvrir l'art de donner notre assentiment ; et, en matière de projets, d'avoir particulièrement soin d'y mettre des conditions, de respecter les droits de la société et notre dignité ; de réprimer sans réserve tous

---

1. Voy. Épictète, *Dissert.* III, 24.

nos appétits, mais de ne pas chercher à conjurer ce qui ne dépend pas de nous[1].

XXXVIII

Il ne s'agit pas ici, disait-il, d'une affaire banale, mais de savoir si nous sommes insensés ou non[2].

XXXIX

Socrate disait : Que voulez-vous ? Avoir l'âme d'êtres raisonnables ou de brutes? — D'êtres raisonnables. — De quels êtres raisonnables? Sains ou dépravés ? — Sains. — Pourquoi donc ne cherchez-vous pas à l'avoir ? — Parce que nous l'avons. — Pourquoi donc êtes-vous en lutte et en discorde les uns avec les autres[3]?

1. Voy. Epictète, *Manuel*, 7 ; *Dissert*. III, 8. — Voy. ci-dessus liv. VIII, 7 et 19.
2. Voy. Épictète, *Dissert*, I, 22, 38.
3. Citation d'un ouvrage socratique qui ne nous est pas parvenu.

LIVRE DOUZIÈME

I

Tous ces biens que tu désires et cherches à acquérir par mille détours, tu peux les posséder dès aujourd'hui, à la condition d'avoir souci de toi-même. En voici le moyen : oublie tout le passé, remets l'avenir entre les mains de la Providence, et règle le présent uniquement en vue de la sainteté et de la justice ; de la sainteté, en aimant ta destinée telle qu'elle est, car la nature l'a faite pour toi et t'a fait pour elle ; de la justice, en disant toujours librement et sans détour la vérité, et en agissant conformément aux lois et à l'honneur.

Que rien ne t'en empêche, ni la méchanceté des autres, ni leur opinion, ni leur langue, ni ce que peut ressentir cette masse de chair qui t'enveloppe : c'est elle qui souffre, qu'elle avise.

Te voilà bientôt à la fin de ta carrière. Si donc tu dédaignes tout le reste pour n'attacher de prix qu'à la raison, ton guide, et à ce qu'il y a de divin en toi, si tu crains, non de cesser un jour de vivre, mais seulement de n'avoir jamais commencé à vivre conformément à ta nature, tu seras un homme digne du monde qui t'a donné l'être; tu cesseras d'être un étranger dans ta patrie, de t'étonner de ce qui arrive tous les jours, comme si c'était inattendu, enfin de dépendre tantôt de ceci, tantôt de cela.

II

Dieu aperçoit toutes les âmes sans voile, sans ces vases grossiers, ces écorces, ces ordures qui les renferment. C'est en effet par sa seule intelligence qu'il communique avec elles, et il ne s'attache qu'aux émanations dérivées de sa propre substance. Accoutume-toi à faire de même, et tu te débarrasseras d'une foule d'inquiétudes qui t'assiègent; car celui qui n'a pas un regard pour cette masse de chair qui enveloppe son âme, daignera-t-il s'occuper d'un vêtement, d'une maison, de la gloire, de toutes les vanités de ce genre, et des représentations théâtrales ?

III

Ta personne se compose de trois substances : d'un corps, d'une âme animale, d'une âme raisonnable. Les deux premières sont à toi, en ce sens que tu es obligé d'en prendre soin; mais c'est la troisième seule qui est proprement à toi.

Si donc tu parviens à éloigner de toi, c'est-à-dire de ton esprit, tout ce que les autres hommes font ou disent, tout ce que tu as fait ou dit toi-même, toute appréhension d'événements possibles, tout ce qui arrive indépendamment de ta volonté à ce corps qui t'enveloppe ou à l'âme animale naturellement unie avec lui, tout ce qu'un tourbillon extérieur fait rouler autour de toi, en sorte que ton esprit, se désintéressant des destinées communes, ne vive qu'avec lui-même, pur, libre, pratiquant la justice, se résignant à tout ce qui lui survient, sans jamais se départir de la vérité ; si tu parviens, dis-je, à éloigner de cet esprit qui te gouverne les impressions trop vives des sens, les idées de l'avenir et les souvenirs du passé ; si tu te rends semblable à la sphère d'Empédocle,

« Sphère parfaite qui se réjouit de sa riante stabilité [1] »;

si tu ne songes à vivre que ce que tu vis, je veux dire le moment présent, tu seras en état de passer le reste de tes jours jusqu'à la mort sans aucun trouble, dans une noble indépendance et en parfait accord avec le génie qui est en toi.

IV

Bien des fois je me suis demandé avec étonnement comment il se fait que l'homme, qui en général a pour lui-même un amour exclusif, attache cependant moins de prix à l'opinion qu'il a

1. Plus d'une fois déjà Marc Aurèle a fait allusion à cette sphère.

de lui-même qu'à l'opinion que les autres ont de lui. Supposons, par exemple, qu'un dieu ou bien un maître grave se tenant à côté d'un homme quelconque lui ordonne de n'imaginer, de ne penser rien en lui-même sans le dire aussitôt à haute voix : cet homme ne se résignera pas à le faire, même l'espace d'un jour. Il est donc vrai que c'est l'opinion publique qui nous touche le plus ; nous considérons ce qu'on pensera de nous plutôt que ce que nous penserons de nous-mêmes.

V

Comment se peut-il que les dieux, qui ont arrangé toutes choses dans un si bel ordre et avec tant d'amour pour l'humanité, aient négligé un seul point? que certains hommes, au moins les plus vertueux, après avoir vécu pour ainsi dire en commerce continuel avec la divinité, et être devenus l'objet de sa prédilection par quantité d'œuvres saintes et de sacrifices, une fois morts ne soient plus rappelés à la vie, mais soient absolument et à jamais éteints?

Les choses se passant ainsi, sache bien que, si elles avaient dû se passer autrement, les dieux y auraient avisé. Si elles étaient justes, elles auraient aussi été possibles ; et si elles avaient été dans l'ordre de la nature, elles se seraient produites naturellement. Mais par cela même que les choses ne se passent pas ainsi, et en admettant que ce ne soit pas ainsi qu'elles se passent, sois convaincu qu'elles ne devaient pas se produire autrement. Tu vois d'ailleurs toi-même que, dans cette oiseuse recherche, tu discutes une question de droit avec la divinité. Or, nous ne pourrions discuter ainsi avec les dieux, s'ils n'étaient souverainement bons et souverainement justes ; et, cela étant, ils ne sauraient avoir rien oublié de ce qu'il était juste et raisonnable de faire dans l'arrangement du monde.

VI

Accoutume-toi même à ce qui te paraît au-dessus de tes forces. Vois la main gauche : faute d'habitude, elle est ordinairement faible en tout ; cependant elle tient la bride plus fortement que la main droite : c'est qu'elle y est accoutumée.

VII

Songe à ce qui doit être nécessairement pris par la mort soit au corps, soit à l'âme ; songe à la brièveté de la vie, à l'immensité des temps qui la précèdent et qui la suivront ; à la fragilité de tout ce qui est matière.

VIII

Considère attentivement les idées dépouillées de leurs écorces; les motifs des actions; ce qu'est la douleur, le plaisir, la mort, la gloire ; quel est celui qui se crée à lui-même des embarras; comment personne n'est embarrassé par un autre ; que tout n'est qu'opinion.

IX

Dans la pratique des bons principes, il faut être comme un athlète au pugilat, et non comme un gladiateur. Celui-ci laisse-t-il tomber son épée, aussitôt il est mis à mort ; mais celui-là a la main toujours prête, et n'a besoin que d'elle pour frapper.

X

Pour connaître la nature des affaires, en étudier séparément le fond, la cause, le but.

XI

Quel pouvoir que celui de l'homme ! Il dépend de lui de ne rien faire que ce que Dieu doit approuver, et de recevoir avec résignation tout ce qu'il plaît à Dieu de lui envoyer.

XII

Ce qui arrive est conforme aux lois de la nature; il ne faut pas en faire un crime aux dieux, car ils ne commettent jamais d'erreurs soit involontaires, soit volontaires ; ni non plus aux hommes, car s'ils se trompent, ce n'est pas volontairement. Ainsi il n'y a de reproche à faire à personne.

XIII

Faut-il être ridicule et neuf pour trouver étonnant quoi que ce soit de ce qui arrive dans le cours de la vie !

XIV

Vois dans ce monde ou une nécessité fatale et un ordre immuable, ou une Providence bienfaisante, ou bien un mélange fortuit de causes étrangères à toute direction.

Si donc tout obéit à l'immuable nécessité, à quoi bon te raidir ?

S'il existe une Providence qui se laisse fléchir, rends-toi digne de l'assistance de la divinité.

Si enfin tout n'est qu'un mélange confus, sans maître qui y préside, songe avec plaisir que tu as en toi-même, au milieu des flots agités, une intelligence qui te sert de guide. Si les flots t'entraînent, qu'ils emportent ta misérable chair, ton âme animale et le reste ; ils ne sauraient emporter ton intelligence.

XV

Eh quoi ! la lumière de la lampe, jusqu'à ce qu'elle soit éteinte, brille et ne perd rien de son éclat, et tu laisserais la vérité, la justice, la tempérance s'éteindre en toi avant toi-même !

XVI

Quelqu'un t'a-t-il donné lieu de penser qu'il a commis une faute? dis-toi : « Suis-je bien sûr que ce soit une faute ? » Et, si même la faute est incontestable, suppose qu'il s'est déjà jugé coupable, et s'est puni aussi cruellement que s'il s'était déchiré le visage de ses propres mains.

D'ailleurs vouloir que le méchant ne commette pas de fautes, c'est vouloir que le figuier porte des fruits qui n'aient pas le suc de la figue, que les enfants au berceau ne pleurent pas, que le cheval ne hennisse pas; et ainsi de tout ce qui arrive nécessairement. Que pourrait faire un homme dont le cœur est si gangrené? Si tu en as le pouvoir, guéris sa gangrène.

XVII

Si cela n'est pas honnête, ne le fais pas ; si cela n'est pas vrai, ne le dis pas : à toi d'aviser.

XVIII

En principe, considère bien en lui-même l'objet qui frappe ton esprit, sonde ses replis secrets, examine séparément sa cause, sa substance, ses effets, le laps de temps au bout duquel il devra fatalement cesser d'être.

XIX

Commence enfin à sentir que tu possèdes en toi-même quelque chose de meilleur et de plus merveilleux que tout ce qui excite tes passions et t'agite comme une marionnette.

Dis-toi : Qu'y a-t-il en ce moment au fond de mon cœur? N'est-ce pas une crainte, ou un soupçon, ou un désir, ou autre chose semblable?

XX

Premièrement, ne rien entreprendre sans réflexion ni sans but ; deuxièmement, n'avoir pas d'autre but que le bien de la société.

XXI

Avant longtemps tu ne seras plus rien, ni nulle part, ainsi que tout ce que tu vois, ainsi que tous ceux qui aujourd'hui sont vivants. Tout est né pour changer de lieu et d'état, et pour se corrompre, afin que d'autres êtres naissent à leur tour.

XXII

Tout n'est qu'opinion, et ton opinion dépend de toi. Bannis-la de ton esprit quand il te plaira, et, comme le navigateur qui a doublé le cap, tu trouveras une mer calme, tout tranquille, et un golfe sans aucun flot.

XXIII

Une action quelconque qui finit en son temps ne perd rien de sa valeur par cela même qu'elle finit. Celui qui a fait cette action n'éprouve non plus aucun mal à cause de cette fin. De même donc, notre vie, qui n'est que l'enchaînement de toutes nos actions, venant à finir en son temps, ne devient pas malheureuse en ce qu'elle finit, et celui qui en son temps se trouve parvenu au dernier anneau de cette chaîne n'en éprouve pas pour cela un malheur. C'est la nature qui en assigne la durée et le terme, parfois la nature particulière, comme par exemple quand on meurt de vieillesse, mais en somme c'est toujours la nature universelle. Les parties de l'univers se transforment sans cesse, et le corps du monde jouit d'une jeunesse et d'une vigueur éternelles. Ce qui est utile à l'univers est toujours de saison. Ainsi la cessation de la vie n'est un mal pour personne, parce qu'elle n'a rien de déshonorant, s'il est vrai que non seulement elle ne dépend pas de notre volonté, mais encore ne porte aucune atteinte aux lois communes; c'est même un bien, puisqu'elle est de saison pour l'univers, qu'elle lui est utile et qu'elle s'accommode à ses lois.

Ainsi c'est porter en soi l'esprit de Dieu que de se porter vers les mêmes objets que Dieu, et d'être porté à n'avoir pour volonté que celle de Dieu.

XXIV

Voici trois points essentiels à mettre en pratique :

Premièrement. Dans ta propre conduite, voir si tu ne fais rien sans réflexion, ou d'une autre manière que ne le ferait la justice elle-même. Quant aux événements du dehors, songer qu'ils sont l'effet du hasard ou l'œuvre de la Providence ; or, le hasard ne doit soulever aucune plainte, ni la Providence aucune récrimination.

Deuxièmement. Considérer ce qu'est chacun de nous depuis sa conception jusqu'à ce qu'il se trouve animé, et depuis ce moment jusqu'à ce qu'il ait rendu l'âme ; de quoi il se compose, en quoi il se résout.

Troisièmement. Te rappeler que, si tu pouvais t'élever tout à coup au-dessus de la terre, et voir à tes pieds les affaires humaines avec leurs vicissitudes, tu n'éprouverais pour elles que du dédain, surtout en apercevant en même temps tout ce qui peuple les couches inférieures et supérieures de l'atmosphère. Chaque fois que tu t'élèverais ainsi, tu n'aurais sous les yeux que le même spectacle, objets en tout semblables et de courte durée. Pourtant c'est là ce qui inspire de l'orgueil.

XXV

Bannis tes préjugés, et te voilà sauvé. Qui donc t'empêche de les bannir ?

XXVI

Si tu es fâché de quelque chose, c'est que tu as oublié que tout arrive selon l'ordre de la nature universelle ; que la faute commise est l'affaire d'autrui ; de plus que tout ce qui a lieu s'est passé, se passera toujours ainsi, et se passe même partout à l'heure qu'il est. Tu as oublié quel lien d'étroite parenté unit chaque homme à tout le genre humain, non par le sang et l'extraction, mais par une participation commune à la même intelligence. Tu as oublié que l'esprit de chacun de nous est un dieu, une émanation de la divinité ; que personne ne possède rien de son propre fonds, mais que nos enfants, notre corps, notre souffle même nous sont venus de cette source divine ; que tout n'est qu'opinion ; enfin que la vie de chacun se réduit à la jouissance du moment présent, et que l'on ne peut perdre que ce moment.

XXVII

Rappelle-toi sans cesse les personnages qui, dans telle ou telle circonstance, se sont livrés à de violentes colères, d'autres restés célèbres par leur incomparable gloire ou par leurs infortunes, ou par leurs haines, ou enfin par des aventures quelconques ; puis demande-toi : Où tout cela est-il aujourd'hui ? Fumée, cendre et légende, ou pas même légende.

Évoque tous tes souvenirs dans cet ordre d'idées, par exemple Fabius Catullinus[1] à sa campagne, et Lucius Lupus dans ses jardins, et Stertinus à Baïes, et Tibère à Caprée, et Velius Rufus, en un mot tous ceux dont les passions mêmes étaient stimulées par la faveur de l'opinion : que le but de tant d'efforts était vil !

Ah ! combien il est plus sage, étant donnée la circonstance, de se montrer juste, tempérant, soumis aux dieux ! mais en toute simplicité; car l'ostentation de modestie est de tous les orgueils le plus insupportable.

XXVIII

A ceux qui te demandent où tu as vu les dieux, où tu as trouvé les preuves de leur existence pour leur adresser tant d'hommages, réponds d'abord que leur existence éclate aux yeux; cependant ajoute ensuite : « Je n'ai pas vu non plus mon âme, je ne laisse pas pour cela de la respecter. Il en est de même des dieux : j'éprouve continuellement les effets de leur puissance, j'en conclus qu'ils existent, et je les vénère. »

---

1. Fabius Catullinus, consul sous Adrien. — Lucius Lupus et Velius Rufus nous sont inconnus. — Stertinius pourrait être soit un philosophe stoïcien qui vivait sous le règne d'Auguste, soit un général de Tibère, deux homonymes.

XXIX

Le bien-être de la vie consiste à voir ce que chaque chose est en elle-même, dans son ensemble, quelle en est la matière, et quelle en est la cause efficiente ; ensuite à s'appliquer de toute son âme à faire ce qui est juste et à dire la vérité. Que reste-t-il après cela sinon à jouir de la vie, en enchaînant successivement une bonne action à une autre, sans laisser entre les maillons de la chaîne la moindre solution de continuité ?

XXX

La lumière du soleil est une, bien qu'elle soit divisée par des murailles, des montagnes, et des milliers d'autres obstacles qui l'interceptent. La matière commune est une, bien qu'elle soit répartie entre une multitude incalculable de corps distincts les uns des autres. La vie est une, bien qu'elle soit répartie entre une infinité de natures particulières ayant des limites individuelles. L'âme intelligente est une, bien qu'elle semble diversement partagée.

A une exception près, les parties que je viens de nommer, par exemple le souffle vital et la matière organique, sont dépourvues de sentiment et n'ont entre elles aucune affinité ; ce qui les retient ensemble, c'est l'esprit universel et la loi commune de pesanteur ; mais l'être intelligent est naturellement porté à rechercher son semblable, à s'associer avec lui, et cet instinct de sociabilité est invincible.

XXXI

Que **désires-tu** encore? Est-ce de continuer à vivre? Qu'est-ce à dire? Sentir, te mouvoir, croître, cesser de croître plus tard, user de la parole, penser? De ces facultés laquelle te semble la plus désirable? Si chacune d'elles isolément te semble peu de chose, va, prends, comme dernière ressource, le parti d'obéir à ta raison et à Dieu. Mais d'une part leur obéir, et d'autre part s'affliger que la mort soit pour l'homme la privation de tout le reste sont deux choses inconciliables.

XXXII

Qu'elle est petite la part de temps dévolue à chacun de nous dans la suite infinie des siècles! en un clin d'œil elle disparaît dans l'éternité. Et notre part de la matière universelle? de l'âme universelle? Qu'est-ce que, comparé au reste, ce petit morceau de terre sur lequel tu rampes? Médite bien tout cela, et borne ton ambition à te conduire comme l'exige ta nature, et à supporter tout ce que la commune nature t'impose.

XXXIII

Quel usage ta raison fait-elle de son pouvoir? Car tout est là. Quant au reste, qu'il dépende ou non de ton libre arbitre, ce n'est que mort et fumée.

XXXIV

Ce qui est bien propre à inspirer le mépris de la mort, c'est de songer que ceux même qui ont considéré la volupté comme un bien et la douleur comme un mal l'ont cependant méprisée.

XXXV

Pour l'homme aux yeux duquel il n'y a de bon que ce qui arrive à point, à qui il importe peu d'avoir fait plus ou moins d'actes conformes à la droite raison, qui trouve indifférent d'avoir contemplé ce monde plus ou moins longtemps, pour cet homme, dis-je, la mort n'a rien de terrible.

XXXVI

O homme, tu as été citoyen de la grande cité que voilà. Que tu l'aies été pendant cinq ans ou pendant trois ans, que t'importe? Chacun doit trouver équitable ce qui est conforme aux lois. Qu'y a-t-il donc de fâcheux, si tu es renvoyé de la cité, non par un tyran, ni par l'iniquité d'un juge, mais par la nature qui t'y avait admis? C'est comme si un comédien était congédié du théâtre par le préteur qui l'aurait agréé. — Mais, diras-tu, je n'ai pas joué les cinq actes, je n'en ai joué que trois. — Tu as raison; mais, dans la vie, trois actes font la pièce entière. L'auteur qui en détermine l'étendue est celui qui naguère en composa l'intrigue et qui aujourd'hui achève le dénouement; toi, tu n'es l'auteur ni de l'une ni de l'autre. Retire-toi donc le cœur content; car celui qui te congédie est la bonté même.

FIN DES DOUZE LIVRES DES PENSÉES
DE MARC AURÈLE ANTONIN

MANUEL D'ÉPICTÈTE

ÉPICTÈTE

Épictète naquit environ cinquante ans après J.-C., à Hiérapolis, ville de Phrygie. Sa famille vivait probablement dans l'esclavage : elle est inconnue. Aulu Gelle nous apprend qu'il fut esclave d'Epaphrodite, affranchi de Néron et l'un de ses capitaines des Gardes, personnage assez péu recommandable et fort impertinent. Cependant, charmé de l'esprit et des heureuses dispositions de son esclave, Epaphrodite le fit instruire par Caïus Musonius Rufus, ce philosophe stoïcien qui avait ouvert une école à Rome et qui se trouva impliqué dans la conjuration de Pison. Épictète obtint la liberté, puis essaya sans succès de professer la philosophie à Rome. Dépourvu d'avantages extérieurs et peut-être aussi du talent de captiver ses auditeurs par le charme de sa parole, corps faible et maladif, ancien esclave injurié et maltraité par une multitude incapable de goûter sa doctrine, chassé enfin de Rome avec les autres philosophes sous le règne de Domitien, il se réfugia à Nicopolis, en Épire, où l'élite de la jeunesse romaine se rendait en foule pour suivre ses leçons. Sa principale maxime était : « Supporte et abstiens-toi. » Il mourut vers l'an 117.

Flavius Arrien, l'un de ses plus brillants disciples, nous a transmis, avec un certain nombre de dissertations de son maître, le *Manuel* dont nous avons à nous occuper. Il renferme en substance la doctrine d'Épictète.

P. C.

MANUEL D'ÉPICTÈTE

I

En ce monde, il y a des choses qui dépendent de nous ; il y en a d'autres qui n'en dépendent pas. Nous sommes les maîtres de nos opinions, de nos inclinations, de nos désirs, de nos aversions, en un mot de toutes nos opérations ; mais de nous ne dépendent ni notre corps, ni les richesses, ni la réputation, ni les dignités, ni en un mot rien de ce qui n'est pas une de nos opérations personnelles.

Les choses qui dépendent exclusivement de nous sont libres par leur nature ; elles ne peuvent être empêchées ni par une défense, ni par des obstacles ; au contraire, ce qui ne dépend pas de nous est faible, sujet à la servitude et à des embarras, souvent exposé aux caprices d'autrui.

Souviens-toi donc que, si tu crois libre ce qui est naturellement sujet à la dépendance, si tu considères comme propre et personnel ce qui dépend d'autrui, tu rencontreras à chaque pas des obstacles, des causes d'affliction et d'inquiétude ;

tu t'en prendras aux dieux et aux hommes ; que si, au contraire, tu ne regardes comme dépendant de toi que ce qui en dépend effectivement, et comme étranger que ce qui, de fait, est étranger, tu n'auras jamais à subir aucune contrainte, aucun embarras dans tes projets; tu n'auras ni plainte, ni accusation à porter contre personne; tu ne feras rien contre ton inclination ; tu ne te trouveras jamais offensé ; et tu ne verras dans personne un ennemi, car tu n'auras jamais à souffrir la moindre disgrâce.

Si tu veux acquérir ces biens si précieux (*que procure la sagesse*), souviens-toi qu'il ne faut pas les considérer avec froideur, ni en avoir un vague désir. Il faut renoncer entièrement à de certaines choses, et t'abstenir de certaines autres pour un temps. Si, avec les véritables biens, tu convoites encore les dignités et les richesses, peut-être n'obtiendras-tu pas celles-ci par la raison même que tu désires aussi ceux-là; mais il est hors de doute que tu perdras les seuls biens, sauvegardes de la liberté et du vrai bonheur.

Aussitôt qu'une idée pénible se présente à ton esprit, aie soin de lui dire : « Tu n'es qu'une idée, un simple effet de l'imagination. » Ensuite examine-la attentivement et juge-la d'après les règles que tu possèdes; mais tout d'abord, et principalement, vois si l'objet qui te fait de la peine est de la nature des choses qui dépendent de nous ou de celles qui n'en dépendent pas; s'il est de la nature des choses qui ne sont pas en notre pouvoir, dis-toi sans hésiter : « Cela n'est pas mon affaire. »

II

Souviens-toi qu'on se flatte toujours d'obtenir ce que l'on désire avec ardeur, et aussi de parer les coups que l'on appréhende. C'est manquer de bonheur que de ne pas obtenir ce que l'on désire ; mais c'est un malheur véritable que d'être exposé aux maux que l'on craint. Si donc tu ne crains que des maux qu'il dépend naturellement de toi de conjurer, tu échapperas à leurs atteintes ; mais si tu redoutes par exemple la maladie, la mort ou la pauvreté, tu te trouveras malheureux.

Bannis la crainte que t'inspire toute chose qui ne dépend pas de nous, et n'appréhende que ce qu'il est en notre pouvoir de conjurer. Pour le présent, ajourne absolument toutes sortes de désirs. Si, en effet, tu viens à désirer quelqu'une des choses qu'il ne dépend pas de nous d'obtenir, tu te trouveras nécessairement malheureux d'en être privé ; et, quant aux choses qui sont en notre pouvoir, si tu ne sais pas encore discerner entre elles celles qu'il convient de désirer, contente-toi de les rechercher ou de les fuir avec modération et sous toute réserve, sans troubler ton repos.

III

Sur chaque chose, qu'il s'agisse de l'agréable ou de l'utile ou d'un objet d'affection, n'oublie pas de te demander ce qu'elle est, en commençant par les qualités les moins importantes. Si tu aimes un vase d'argile, dis-toi : « C'est un vase fragile que j'aime » ; et, s'il se brise, tu n'en seras pas bouleversé. Si tu embrasses tendrement ton enfant ou ta femme, dis-toi que c'est une créature humaine qui est dans tes bras ; et, si la mort te les enlève, tu n'en éprouveras aucun trouble.

IV.

Lorsque tu es sur le point d'entreprendre une chose, rappelle-toi exactement ce qu'est la chose dont il s'agit. Supposons que tu sortes pour prendre un bain, représente-toi ce qui se passe d'ordinaire dans les bains publics : il y a des gens qui vous aspergent, qui vous bousculent, qui vous insultent, qui vous volent. Ainsi tu seras mieux en garde contre tous les désagréments qui peuvent t'arriver, surtout si en outre tu te dis par exemple à toi-même : « Je veux aller au bain, et là me conduire selon mes principes et sans me départir de mon caractère. » Au début de chaque affaire, fais le même raisonnement. S'il t'arrive dans le bain quelque mésaventure, tu auras cette réflexion toute prête : « Je n'avais pas seulement l'intention de prendre un bain, mais encore celle de me conduire selon mes principes, et de garder mon caractère : or, je ne le garderai pas, si je m'indigne de ce qui se passe ici. »

V

Ce qui trouble les hommes, ce ne sont pas les choses elles-mêmes, ce sont les opinions qu'ils en ont. Ainsi, par exemple, la mort en soi n'a rien de terrible, car elle eût paru redoutable même à Socrate. Ce n'est que l'opinion qu'on a de la mort qui la rend si affreuse. Quand nous éprouvons des contrariétés, des inquiétudes ou des peines, n'accusons jamais les autres, ne nous en prenons qu'à nous-mêmes, c'est-à-dire à nos préjugés. Il n'appartient qu'à un homme mal éclairé de rejeter sur les autres la cause de ses propres disgrâces; c'est commencer d'avoir quelque teinture de sagesse de n'accuser que soi-même de ses malheurs; c'est être décidément sage de ne se plaindre ni des autres ni de soi-même.

VI

Ne te glorifie jamais d'un avantage extérieur qui n'est pas un mérite en toi. Si un cheval, fier de ses formes, venait dire : « Je suis beau », il serait excusable; mais toi, lorsque tu viens dire avec fierté : « J'ai un beau cheval », sache que c'est de la beauté du cheval que tu es fier. Qu'as-tu donc vraiment à toi? l'usage de ta raison. Si tu sais employer ta raison à juger sainement les choses en elles-mêmes, applaudis-toi ; tu t'applaudiras alors d'un mérite qui sera effectivement le tien.

VII

Dans un voyage sur mer, lorsque le vaisseau est arrêté dans un port, si tu descends à terre pour faire la provision d'eau, tu pourras, chemin faisant, ramasser soit un coquillage, soit un oignon, mais tu devras faire attention au vaisseau, tourner toujours les yeux vers lui, prendre garde que le pilote ne t'appelle, et, s'il t'appelle, tout quitter, de crainte qu'il ne te fasse garrotter et jeter dans le navire comme le vil bétail. Il en est de même dans la vie : qu'au lieu d'un petit oignon, d'un petit coquillage tu aies une épouse, un petit enfant, rien ne t'empêchera de les entourer de tes soins ; mais, si le pilote souverain t'appelle, cours promptement au vaisseau, et quitte tout ce qui t'occupe sans jeter un regard derrière toi ; et, si tu es vieux, ne t'écarte pas beaucoup du navire, de peur d'être pris au dépourvu, quand viendra l'appel.

VIII

Ne demande pas que les choses se fassent comme tu le veux ; borne-toi à vouloir les événements comme ils arrivent : c'est le secret d'être heureux.

IX

La maladie est un obstacle pour le corps, mais non pour la volonté qui a toute liberté d'agir : l'homme estropié n'a pas la jambe libre, mais son esprit a toujours la même liberté. Fais le même raisonnement sur toutes les choses qui arrivent dans la vie, et tu trouveras que ce qui est un embarras pour les autres n'en est pas un pour toi.

X

Toutes les fois qu'un objet te frappe l'imagination, souviens-toi de rentrer en toi-même et d'examiner avec quel secours tu pourras y résister. Si un beau garçon ou une belle fille attire tes regards, tu trouveras dans la tempérance la force de maîtriser ta passion ; si l'on te propose un travail pénible, tu trouveras en toi la patience ; à l'insulte tu opposeras la résignation : contracte cette habitude, et tu ne te laisseras pas emporter par des idées chimériques.

XI

Quelque accident qui t'arrive, ne dis jamais : « J'ai perdu tel ou tel objet », dis plutôt : « Je l'ai rendu. » Ton enfant vient de mourir ? — Il a été rendu. — Ta femme vient de mourir ? — Elle a été rendue. — « On m'a dépouillé de mon héritage. ». — Eh bien ! ton héritage aussi a donc été rendu. — « Mais celui qui m'en a dépouillé est un malhonnête homme. » — Que t'importe par quelles mains ton héritage retourne à celui dont tu le tenais et qui l'a réclamé? Pendant qu'il te le confie, regarde-le comme le bien d'un autre, et prends en soin comme les voyageurs prennent soin de leur hôtellerie.

XII

Si tu veux faire des progrès *dans l'étude de la vertu*, défais-toi de ces deux faux raisonnements : « Si je néglige mes affaires, je n'aurai pas de quoi vivre. » — « Si je ne châtie pas mon fils, il ne sera qu'un mauvais sujet. » — Il vaut mieux mourir de faim, exempt de chagrin et de crainte, que de vivre dans l'abondance de toutes choses en proie aux inquiétudes. Il vaut mieux laisser ton fils méchant que te rendre malheureux.

Commence donc par les petites choses. On renverse ton huile; on dérobe ton vin? Dis-toi : « C'est à ce prix que l'on achète l'indifférence ; à ce prix la tranquillité d'âme. » On ne surmonte rien sans qu'il en coûte. Lorsque tu appelles ton serviteur, songe que peut-être il ne t'entend pas, ou que, s'il entend, il ne lui est pas possible de faire ce que tu désires. Enfin fais si bien qu'il ne soit pas en son pouvoir de jeter le trouble dans ton âme.

XIII

Veux-tu progresser *encore*, supporte la fausse opinion que l'on a de toi, à cause de ton dédain pour les choses extérieures ; laisse dire que tu es un insensé, un imbécile. N'affecte pas de paraître savant. Si certains hommes te tiennent en haute estime, défie-toi de toi-même. Sache bien en effet qu'il n'est pas facile de pratiquer les règles que tu t'es prescrites, et qui sont conformes à la droite raison, en te livrant aux choses du dehors. Quand on s'applique tout entier à l'un, on doit négliger l'autre, c'est de toute nécessité.

XIV

Vouloir que tes enfants, ta femme et tes amis vivent toujours, ce n'est pas raisonnable : c'est vouloir que des choses sur lesquelles tu n'as aucune prise dépendent absolument de toi, et vouloir disposer de ce qui appartient à autrui comme si c'était à toi.

De même vouloir que ton fils ne fasse aucune faute, c'est une extravagance ; car c'est vouloir que le vice ne soit pas le vice, mais qu'il change de nature. Veux-tu, dans tes projets, n'avoir aucune déception ? c'est chose possible : ne projette que ce que tu peux.

Chacun de nous a pour maître celui qui dispose des choses que nous voulons ou de celles que nous ne voulons pas, quand il s'agit de les faire ou de les supprimer. Si donc un homme tient à rester libre, qu'il ne désire ni ne craigne rien de ce qui dépend des autres; sinon il tombe nécessairement dans l'esclavage.

XV

Souviens-toi qu'il faut se comporter *dans la vie* à peu près comme dans un festin. A-t-on servi quelque mets devant toi ? étends la main et prends-en une part poliment. Le plat passe outre ? ne le retiens pas. On ne le sert pas encore ? ne montre pas d'avance le désir d'y goûter, mais attends patiemment qu'on le serve devant toi. Comporte-toi ainsi quand il s'agit des enfants, d'une épouse, des dignités ou des richesses, et tu mériteras d'être admis à la table des dieux ; et, si tu n'acceptes pas ces *présents de la fortune* qui viennent s'offrir à toi, au contraire, si tu les dédaignes, alors tu seras digne non seulement de t'asseoir à la table des dieux, mais même de partager avec eux la souveraine puissance. C'est en agissant ainsi que Diogène, Héraclite et leurs semblables devinrent des dieux, gloire qui à juste titre leur est restée.

XVI

Quand tu verras quelqu'un s'abandonner à la douleur et déplorer soit l'absence d'un enfant, soit la perte de sa fortune, prends garde de te laisser persuader que cet homme est effectivement malheureux par la privation de ces choses extérieures. Rentre incontinent en toi-même, et fais ce raisonnement : « Ce qui afflige cet homme ce n'est pas l'accident même, puisque d'autres, atteints comme lui, n'en sont pas affligés, ce n'est que l'idée qu'il s'en fait dans son imagination. » N'hésite pas cependant à lui témoigner au moins des lèvres ta sympathie ; s'il le faut, gémis avec lui, mais, quoi qu'il en soit, prends garde que tes gémissements ne viennent du fond du cœur.

XVII

Souviens-toi que, simple acteur, tu joues une pièce comme le maître de la comédie veut qu'elle soit jouée. Si ton rôle est court, tu le joueras court ; s'il est long, tu le joueras long. S'il plaît au maître que tu représentes le personnage d'un pauvre, soutiens ce rôle naturellement ; et s'il faut que tu sois dans la pièce un boiteux, un prince, un homme du vulgaire, n'importe, joue le mieux possible, car ton devoir est de bien représenter ton personnage ; quant au rôle que tu dois jouer, c'est à un autre de le choisir.

XVIII

Lorsque le chant d'un corbeau aura été de mauvais présage, ne sois pas dupe de ton imagination ; rentre de suite en toi-même, et dis : « Aucun de ces présages n'est une menace pour moi, mais seulement pour mon misérable corps, pour mes biens, pour ma réputation, pour mes enfants, pour ma femme ; tous les pronostics sont favorables pour moi, si je le veux : quelque événement qui arrive, il dépend toujours de moi de le faire tourner à mon avantage.

XIX

Tu peux être invincible, à la condition de n'engager aucun combat où il ne dépende pas de toi de remporter la victoire. Lorsque tu vois un homme comblé d'honneurs, élevé au faîte de la puissance ou jouissant d'une grande popularité, garde-toi de l'estimer parfaitement heureux, ne te laisse pas séduire par de telles apparences. S'il est vrai que le parfait bonheur est attaché aux choses qui dépendent uniquement de nous, les biens étrangers ne doivent jamais nous causer ni envie, ni jalousie. Pour toi, tu n'auras pas l'ambition de devenir préteur, sénateur ou consul, mais tu voudras être libre ; or, il n'y a qu'un moyen de l'être, c'est de mépriser tout ce qui ne dépend pas de nous.

XX

Souviens-toi que ce n'est ni celui qui t'insulte, ni celui qui te maltraite, qui t'offense, c'est l'opinion que tu te fais, en attachant l'idée d'offense à leurs mauvais procédés. Lorsque quelqu'un t'aura mis en colère, sois persuadé que ta colère n'a eu d'autre cause que ton opinion. Ainsi donc essaie avant tout de ne pas te laisser emporter par ton premier mouvement : pour peu que tu aies le temps de te remettre et de réfléchir, tu seras bien plus aisément maître de toi-même.

XXI

Aie tous les jours devant les yeux la mort, l'exil et tous les malheurs qui paraissent les plus redoutables, mais surtout la mort ; et ainsi tu n'auras jamais aucune basse pensée, ni non plus aucune folle ambition.

XXII

Tu veux, dis-tu, mettre en pratique la philosophie. Eh bien ! sois prêt dès aujourd'hui à supporter les railleries et les risées de la plupart des hommes. Tu les entendras dire : « Voilà un philosophe qui nous est tombé du ciel » ; ou bien encore : « D'où nous vient-il avec son air renfrogné ? » Pour toi, ne fais paraître sur ton front aucune arrogance ; mais applique-toi à suivre la ligne de conduite qui te paraît la plus sage, comme si Dieu t'avait établi spécialement à cette place. Et souviens-toi que, si tu soutiens ton caractère avec fermeté, ceux qui d'abord se seront moqués de toi finiront par t'admirer, et qu'au contraire, si tu as la faiblesse de les écouter, tu seras doublement en butte à leurs railleries.

XXIII

Si jamais il t'arrive de te préoccuper des choses extérieures et de vouloir plaire au monde, sache que c'en est fait de ton plan de vie. Contente-toi d'être partout et toujours un philosophe; si tu veux de plus le paraître, parais-le à tes propres yeux, et ce sera suffisant.

XXIV

Ne te laisse pas déconcerter par des raisonnements comme ceux-ci : « Je vivrai sans honneur et sans crédit ; nulle part on ne fera cas de moi. »

Supposons, en effet, que la privation des dignités soit un mal, tu ne saurais être responsable de la mauvaise action d'un autre, pas plus que de ses vices; or, dépend-il de toi d'obtenir des dignités ou d'être invité à des festins? — Non, dis-tu. — Eh bien ! comment la privation des dignités peut-elle atteindre ton honneur ?

Et comment pourrais-tu n'être partout qu'un homme méprisable, puisqu'il faut que tu sois vraiment un homme dans les choses qui dépendent de toi, et qui seules peuvent conférer l'estime?

— Mais tes amis, diras-tu, ne recevront de toi aucun secours.

— Qu'entends-tu par ces mots : « aucun secours »? Ils n'auront pas d'argent de toi; tu ne leur feras pas même accorder le droit de cité à Rome? Mais qui donc t'a dit que cela rentre dans ce qui dépend de nous et non pas dans les prérogatives des autres ? Or, qui peut donner à un autre ce qu'il n'a pas lui-même?

— « Enrichis-toi, dira quelqu'un, afin que nous aussi nous ayons par toi des richesses. » — Si je peux m'enrichir sans qu'il en coûte rien à mon honnêteté, à ma bonne foi, à la générosité de mes sentiments, indique-moi le moyen, et je m'enrichirai. Mais, si vous voulez exiger de moi que je perde mes biens personnels afin de vous procurer ce qui est tout autre chose que des biens, voyez vous-mêmes à quel point vous êtes injustes et déraisonnables. D'ailleurs que préférez-vous ? De l'argent ou un ami fidèle et vertueux? Aidez-moi donc à conserver les véritables biens, et n'exigez pas de moi des choses qui me les fassent perdre.

— « Mais je ne pourrai, dit cet homme, rendre aucun service à la patrie. » Encore une fois de quel service s'agit-il ? — Tu ne feras bâtir ni des portiques, ni des bains ? Qu'est-ce à dire? L'armurier non plus ne lui fabrique pas de souliers, et le cordonnier ne lui fabrique pas d'armes. Il lui suffit que chacun la serve dans les limites de sa profession. N'est-ce pas rendre service à la patrie que de lui donner un citoyen fidèle et vertueux? — « Un grand service assurément. » — Ainsi donc toi aussi, toi-même, tu serais pour elle un auxiliaire précieux.

— « Quel rang aurai-je donc dans la cité? » dira-t-il encore. — Celui que tu pourras obtenir en restant homme d'honneur et de probité. Mais si, voulant servir ta patrie, tu te dégrades et négliges la vertu, quel service pourras-tu lui rendre, quand tu seras devenu un homme sans pudeur et sans bonne foi?

XXV

A-t-on placé quelqu'un à table avant toi, dans un festin; l'a-t-on salué avant toi; a-t-on eu plus de déférence pour ses avis que pour les tiens? S'il n'en résulte que du bien, tu dois être enchanté que l'on ait eu des égards pour lui; et, s'il en résulte du mal, ne regrette pas de n'y être pour rien. Mais souviens-toi qu'il est impossible que tu obtiennes jamais les choses qui ne dépendent pas de nous, sans faire les démarches nécessaires pour les obtenir. Si tu ne fais pas ta cour aux grands, seras-tu traité comme celui qui la leur fait avec assiduité? Si tu ne marches pas à leur suite, si tu ne leur adresses aucune louange, espères-tu être préféré à celui qui s'attache à leurs pas et ne cesse de leur prodiguer ses flatteries? Prétendre obtenir ces faveurs gratuitement, sans donner le prix qu'elles coûtent, ce serait de ta part de l'injustice et de l'exigence. Combien vaut la laitue au marché? Une obole. Tu n'en auras qu'à ce prix.

Or, voici un homme qui donne son obole, il reçoit une laitue ; toi qui n'as rien donné, tu ne reçois rien. Ne va pas croire cependant que tu sois pour cela plus à plaindre que lui. Il a, il est vrai, de la laitue ; mais toi, tu gardes l'obole que tu n'as pas donnée. C'est à peu près ainsi qu'il faut raisonner dans le sujet que nous traitons actuellement. Tu n'as pas été invité à un festin ? C'est que tu n'as pas payé à celui qui invite le prix auquel il vend son repas. Il le vend ce que vaut une louange, une basse flatterie. Si la chose te convient, mets-y le prix, et tu l'obtiendras ; car vouloir ne rien donner, et cependant l'obtenir, c'est trop de prétention, c'est folie. Mais si tu es privé de ce festin, n'as-tu rien qui te le remplace ? Au moins tu n'as pas loué contre tes sentiments un homme indigne de tes louanges ; tu n'as pas eu à supporter l'air et le ton qu'il prend avec ceux qui entrent chez lui pour être admis à sa table.

XXVI

Pour juger sainement les desseins de la nature, il suffit d'observer avec quelle indifférence nous considérons les événements qui ne nous touchent pas. S'il arrive, par exemple, que le domestique d'un autre casse un verre, tu dis aussitôt : « C'est là un accident assez ordinaire. » Sache donc que, s'il arrive que l'on casse un verre chez toi, tu dois conserver le même sang-froid que tu as, lorsqu'on en casse un chez un autre. Applique le même raisonnement à des choses plus importantes. Voici, je suppose, un homme qui a perdu son enfant ou sa femme : il n'est personne qui ne dise : « C'est là le sort de la pauvre humanité. » Mais qu'il t'arrive de perdre quelqu'un des tiens, aussitôt tu te lamentes et t'écries : « Hélas! que je suis malheureux! » Tu devrais cependant te rappeler les sentiments que nous éprouvons, quand on nous annonce qu'un pareil accident est arrivé à d'autres.

XXVII

On ne met pas devant soi un but pour le manquer ; ainsi donc la nature du mal dans le monde est de n'être pas un but.

XXVIII

Si quelqu'un livrait ton corps au premier venu, tu te révolterais avec indignation ; cependant toi-même, tu laisses le premier venu disposer de ton âme ; tu ne peux recevoir le moindre froissement, sans qu'elle se trouble et soit bouleversée. N'en rougis-tu pas?

XXIX

Examine attentivement les conditions et les conséquences de chaque affaire, et ne l'entreprends qu'après mûr examen. Si tu y manques, tu trouveras peut-être quelques satisfactions au début de l'entreprise, parce que tu n'en auras pas prévu toutes les suites ; mais plus tard, voyant apparaître des conséquences fâcheuses, tu n'en éprouveras que de la confusion.

Tu veux remporter la victoire aux jeux olympiques? En vérité je le voudrais bien aussi, car cela est fort glorieux ; mais considère bien auparavant toute l'affaire avec ses conséquences, et ne te jette pas aveuglément dans cette entreprise. Il faudra te soumettre à un régime sévère, manger par nécessité et non par appétit, t'abstenir de toutes sortes de ragoûts, faire de l'exercice aux heures marquées, en pleine chaleur ou par un froid rigoureux, ne boire ni eau froide, ni vin sans permission, en un mot, te livrer à l'ordonnateur des jeux comme à un médecin. Ensuite tu devras creuser un fossé et paraître dans la lice : là il peut t'arriver de te blesser la main, de te faire une entorse, d'avaler beaucoup de poussière, de recevoir le fouet, et, après tant de peines, d'être vaincu. Quand tu auras fait toutes ces réflexions, si tu persistes dans le dessein de combattre, tu peux entrer en lice, sinon tu te retireras comme les enfants qui s'amusent à parodier les athlètes, les gladiateurs, les joueurs de trompette, les acteurs de tragédies. Oui, comme eux, tu te fais tour à tour athlète, gladiateur, orateur et enfin philosophe, sans être, au fond, rien de tout cela. Tu imites, comme un singe, ce que tu vois faire aux autres ; tu embrasses une profession et puis une autre, selon ton caprice du moment, parce que, avant d'agir, tu n'as pas bien examiné, retourné la chose dans tous les sens ; en un mot, tu marches au hasard, et ne suis que tes frivoles inclinations. C'est ainsi que certaines gens, après avoir vu un philosophe, ou après avoir entendu dire à quelqu'un : « Comme « Socrate a raison de le dire ; d'ailleurs est-il pos- « sible de parler avec plus de bon sens que ce sage ? » forment le projet de devenir aussi philosophes.

Avant toutes choses, ô mon ami, considère la nature de l'affaire que tu entreprends, et ensuite les moyens que tu as en toi-même pour y réussir. Veux-tu devenir un athlète accompli, un excellent lutteur ? Consulte tes bras, tes cuisses, tes reins. Les hommes ont des aptitudes différentes les unes des autres.

T'imagines-tu que, en te consacrant à la philosophie, tu puisses comme aujourd'hui manger et boire à ta guise, avoir pour certaines choses des goûts de prédilection, et pour d'autres choses de la répugnance ? Il faut te résoudre à passer des nuits sans sommeil, à travailler avec acharnement, à te séparer de tes amis et de tes proches, à être en butte au mépris du dernier de tes domestiques et aux railleries des passants, à céder le pas partout, dans les honneurs, les dignités, les tribunaux, en un mot dans toutes les affaires. Réfléchis sur tout cela, et vois si tu n'aimes pas mieux vivre exempt de peines, dans une absolue indépendance, et sans aucun désagrément. Si tu n'as pas fait toutes tes réflexions, ne va pas plus loin, de crainte de te livrer à un jeu d'enfants, d'être aujourd'hui philosophe, demain collecteur d'impôts, ensuite orateur et enfin intendant de César ; tous ces emplois ne cadrent guère les uns avec les autres.

Il faut que tu sois ou un homme de bien ou un malhonnête homme : il faut que tu t'appliques à cultiver ton esprit et ta raison, ou à rechercher les biens extérieurs, à te renfermer en toi-même pour méditer, ou à te répandre au dehors ; c'est-à-dire qu'il faut opter, être philosophe ou un homme vulgaire.

XXX

Les devoirs en général sont proportionnés à la qualité des personnes. S'il s'agit de ton père, tu es obligé d'en avoir soin, d'avoir pour lui de la déférence en toutes choses, de souffrir ses réprimandes et ses mauvais traitements. — « Mais, diras-tu, mon père est méchant. » — La nature s'est-elle engagée à te donner un père accompli ? Non, mais seulement un père. — Ton frère a des torts graves envers toi. — C'est une raison de plus d'observer tes devoirs envers lui. Ne considère pas ce qu'il fait, lui, mais vois comment tu peux suivre toi-même la ligne de conduite tracée par la nature. Personne ne peut t'offenser, si tu ne le veux ; mais si, dans ton opinion, tu te considères comme offensé, tu le seras effectivement. De même, qu'il s'agisse d'un voisin, d'un citoyen, d'un général, tu apprendras facilement ton devoir, si tu prends l'habitude d'examiner attentivement le caractère de chacun d'eux.

XXXI

En ce qui concerne la piété envers les dieux, sache que le point essentiel est de se faire une idée juste de la divinité, de croire que les dieux existent et qu'ils gouvernent le monde avec sagesse et équité, que, s'ils t'ont placé ici-bas, c'est pour toi une obligation de leur obéir, de te soumettre et de te résigner de bonne grâce à tout ce qui t'arrive, comme étant réglé par l'intelligence souveraine. Si tu te pénètres de cette pensée, tu ne feras jamais de reproches aux dieux, jamais tu ne les accuseras de te négliger. Il est d'ailleurs impossible que tu parviennes à ce degré de perfection, si tu ne places le bien et le mal, non dans ce qui n'est pas en notre pouvoir, mais dans ce qui dépend uniquement de nous. Car enfin, supposé que tu places le bien ou le mal dans ce qui n'est pas en notre pouvoir, il arrivera nécessairement que, si tu n'obtiens pas ce que tu désires, et que tu tombes dans une situation que tu ne désires pas, tu éclates en reproches contre les auteurs de ta disgrâce et que tu les prennes en aversion. Tout animal en effet fuit et hait instinctivement non seulement ce qui lui paraît nuisible, mais encore ceux qui semblent en être les auteurs ; tandis qu'il recherche et respecte ce qui lui est utile et ceux qui le lui procurent. Il est donc impossible qu'un homme qui croit éprouver quelque dommage ait un vif plaisir à voir celui qu'il en regarde comme l'auteur, de même qu'il est de toute impossibilité que le dommage qu'il éprouve lui cause de la joie. C'est ce qui fait qu'un père est quelquefois maudit par son fils, quand il lui arrive de refuser à son enfant des choses que celui-ci envisage comme des biens ; c'est ce qui a allumé la guerre entre Polynice et Étéocle, l'un et l'autre regardant la royauté comme un grand bien ; de là vient aussi que le laboureur s'en prend aux dieux, ainsi que le marin, ainsi que le marchand, ainsi que ceux qui perdent leur femme et leurs enfants. Là où est notre intérêt, là est aussi notre religion ; par conséquent tout homme qui s'étudie à n'avoir de désir ni d'aversion que pour ce qu'il doit rechercher ou fuir, s'étudie par là-même à la pratique de la piété envers les dieux. Au reste, en quelque pays que l'on soit, il convient, dans les libations, les sacrifices, les offrandes, de se conformer aux usages du culte national, de s'en acquitter avec un cœur pur, sans indifférence, sans aucune négligence, sans lésiner, mais aussi sans aller au delà de sa fortune.

XXXII

Quand tu vas consulter le devin, souviens-toi que tu ignores, il est vrai, ce qui doit arriver, et que tu n'as recours à lui que pour l'apprendre; mais que, si tu es philosophe, tu sais d'avance, sans le secours du devin, si le succès sera heureux ou malheureux. Si en effet la chose est de la nature de celles qui ne dépendent pas de nous, elle n'est ni bonne ni mauvaise en soi : ce point est de toute rigueur. N'apporte donc aux pieds du devin ni désirs, ni aversion, et ne l'aborde pas en tremblant. Établis en principe que tout ce qui doit arriver t'est indifférent, que l'affaire ne te touche pas; de quelque manière qu'elle tourne, il ne dépend que de toi d'en retirer de l'utilité, sans que personne puisse t'en empêcher.

Approche-toi donc avec confiance, lorsque tu viens consulter les dieux. Quand ils t'auront rendu quelque réponse, fais attention à la majesté de ceux que tu as consultés, et à quoi tu t'exposerais en ne leur obéissant pas. Au reste ne va consulter l'oracle, comme le prescrivait Socrate, que sur des choses qui dépendent purement du hasard, et dont l'issue ne peut être prévue ni par la raison, ni par le secours de l'art. Ne va pas, par exemple, le consulter pour savoir si tu dois secourir ton ami ou ta patrie qui sont en danger; car, s'il te disait que les entrailles de la victime présagent quelque chose de funeste, il est évident que tu aurais devant les yeux la mort, la perte de quelque membre ou l'exil ; cependant la raison veut que tu ne recules devant rien pour voler au secours de ton ami et de ta patrie. Prends donc conseil de l'oracle d'Apollon Pythien, le plus grand de tous, et qui chassa de son temple un homme assez lâche pour n'avoir pas secouru son ami qu'on assassinait.

XXXIII

Prescris-toi dès aujourd'hui une règle de conduite et un genre de vie que tu puisses observer invariablement, soit en particulier, soit devant le monde. Aime à garder le silence ; ne dis que le nécessaire, et en peu de mots. Dans les cas assez rares où tu es obligé de prendre la parole, parle, mais évite les entretiens oiseux ; ne parle ni des gladiateurs, ni des courses de chevaux, ni des athlètes, ni du boire ou du manger, ni de ces choses qui sont la matière banale des conversations ordinaires ; mais, surtout en parlant des personnes, évite de blâmer, ou de louer, ou de faire des comparaisons. Si tes amis s'entretiennent de choses qui blessent les règles de la bienséance, fais ce que tu pourras pour les obliger à changer de conversation ; si tu te trouves parmi des étrangers, garde le silence. Évite de rire aux éclats, à tout propos, et comme un évaporé. Abstiens-toi de tout serment, si c'est possible ; ou sinon, fais tous tes efforts pour t'en dispenser. Ne va pas dîner au dehors, évite les festins populaires ; du moins, si, à cause des circonstances, tu ne peux les éviter, observe-toi attentivement, et prends garde de t'y comporter autrement qu'en philosophe. Sache bien que quiconque fréquente une société corrompue, finit par se corrompre lui-même, si pures que soient ses mœurs. Ne veille à ce qui regarde le corps qu'autant que la nécessité t'y oblige, par exemple au boire et au manger, aux vêtements, à l'habitation, aux domestiques. Supprime tout ce qui flatte la vanité et entretient la mollesse.

Autant que possible, abstiens-toi des plaisirs de l'amour avant ton mariage ; plus tard fais-en un usage légitime et tel que la loi le permet. N'insulte pas cependant ceux qui succombent à ces faiblesses, ne leur en fais même aucun reproche, et ne te vante pas à tout propos de ta sagesse et de ta continence.

Si l'on te rapporte que quelqu'un dit des choses désobligeantes de toi, ne cherche pas à démentir ses allégations, ni à faire ton apologie ; mais réponds tranquillement : « Cet homme ne sait pas que j'ai bien d'autres défauts ; il dirait beaucoup plus de mal de moi, s'il me connaissait mieux. »

Il n'est pas nécessaire d'aller souvent au théâtre ; mais, lorsque l'occasion d'y aller se présentera, ne témoigne d'empressement ni de préférence pour personne, c'est-à-dire souhaite que les choses se passent sans brigue, et que le vainqueur ne doive sa victoire qu'à lui-même ; ainsi tu échapperas à toute contrariété. Abstiens-toi aussi de pousser des exclamations, de huer personne avec éclat, de te livrer à une agitation fébrile ; et, une fois sorti du théâtre, n'engage pas de conversations interminables sur la représentation, puisque cela ne peut servir à te rendre plus honnête et ne prouve rien, sinon que le spectacle a absorbé toute ton attention.

Ne va pas inconsidérément, et sans qu'on t'y oblige, assister aux lectures et aux déclamations publiques : en y assistant, ne te départs ni de la gravité ni de la dignité que commande la bienséance.

Lorsque tu auras des démêlés avec quelqu'un, surtout avec quelque grand personnage, demande-toi ce que Socrate ou Zénon aurait fait en pareille conjoncture, et tu n'auras aucune difficulté à te tirer d'affaire honorablement.

Quand tu iras faire une démarche auprès de quelque puissant du jour, suppose que tu ne le trouveras pas chez lui, ou qu'il se sera enfermé, ou qu'on ne daignera pas t'ouvrir sa porte, ou qu'il te recevra avec indifférence. Si, après toutes ces réflexions, il te plaît d'aller le trouver, souffre sans murmurer tout ce qui t'arrivera, et ne te dis pas à toi-même : « Ce n'était pas la peine de me déranger. » Ce langage n'appartient qu'à l'homme étranger à la philosophie et trop attaché aux choses extérieures.

Dans tes entretiens particuliers, évite d'insister

longtemps sur ce que tu as fait, sur les dangers que tu as courus. Si tu as du plaisir à raconter tes aventures, les autres n'ont peut-être pas le même plaisir à les écouter.

Ne te charge pas de faire rire la société; tu courrais risque de tomber dans des manières vulgaires et en même temps de perdre l'estime que l'on a pour toi.

Il est dangereux d'entamer une conversation sur un sujet qui blesse l'honnêteté. Si le cas se présente, et que la situation te le permet, adresse un blâme à celui qui s'est aventuré dans un tel sujet d'entretien; ou bien témoigne par ton silence, par ta rougeur, par la sévérité de ton visage que cette conversation te déplaît.

XXXIV

Si l'idée de quelque plaisir te flatte, alors, comme toujours, tiens-toi sur tes gardes, de peur que cette idée ne t'entraîne. Examine toutes les circonstances de la chose, et prends du temps pour délibérer. Ensuite considère deux durées différentes : le temps où tu jouiras de ce plaisir, et celui où, après en avoir joui, tu t'en repentiras et en éprouveras du remords. Par contre, vois quelle sera ta satisfaction, quelle estime tu auras pour toi-même, si tu t'abstiens de ce plaisir.

Toutes les fois que tu trouveras une occasion de contenter tes désirs, prends garde de te laisser séduire par les charmes, les douceurs, les attraits de la volupté. Pour t'encourager, rappelle-toi combien il est plus doux de les vaincre et de garder au fond du cœur le sentiment de sa victoire.

XXXV

Quand tu as examiné une chose et jugé qu'il faut la faire, fais-la. En la faisant, ne crains pas qu'on te regarde, la foule devrait-elle y trouver matière à médisance. Si ce que tu fais n'est pas bien, évite de le faire ; mais si c'est bien, pourquoi craindre ceux qui auraient tort de te le reprocher ?

XXXVI

Ces deux propositions : « Il est jour, Il est nuit », ont un sens véritable, si on les sépare l'une de l'autre, mais sont en contradiction, si on les réunit. De même, dans un festin, si tu choisis ce que l'on sert de meilleur, tu as égard à ta personne, et, sous ce point de vue, c'est bien ; mais, en même temps, tu dois observer les règles de la bienséance en société, et, sous cet autre point de vue, tu agis mal. Ainsi donc, lorsque tu seras à table chez quelqu'un, souviens-toi que tu n'es pas là seulement pour satisfaire tes goûts, mais encore pour témoigner des égards à l'hôte qui te reçoit.

XXXVII

Si tu veux faire un personnage qui soit au-dessus de tes forces, tu n'y auras que de la confusion, et tu négligeras celui que tu aurais pu faire avec honneur.

XXXVIII

Lorsque tu te promènes, tu prends garde de marcher sur un clou ou de te faire une entorse ; de même, prends garde que rien ne blesse et n'égare la raison qui te conduit. Si nous prenons ces précautions dans toutes nos affaires, nous atteindrons plus sûrement notre but.

XXXIX

Comme le pied est la mesure du soulier, le corps doit être la mesure des richesses. Si tu observes cette règle, tu demeureras toujours dans les bornes permises; mais si tu la transgresses, tu t'exposeras à une chute fatale. Si tu prends une chaussure qui monte au-dessus du pied, tu la voudras d'abord dorée, ensuite tu la voudras de pourpre et enfin brodée ; car, une fois la mesure dépassée, on ne connaît plus de bornes.

XL

Dès l'âge de quatorze ans, les femmes sont appelées par les hommes des maîtresses. Aussi, voyant qu'elles n'ont rien de mieux à faire que de tomber dans les bras d'un mari, elles commencent à soigner leur parure, et placent dans leur beauté toutes leurs espérances. Mais il faut leur faire comprendre que, si on les respecte, c'est principalement à cause de leur sagesse et de leur modestie.

XLI

C'est la marque d'une nature grossière que de s'occuper assidûment de choses qui regardent le corps, par exemple d'exercices de gymnastique, du boire, du manger, des plus viles fonctions naturelles, des plaisirs de l'amour. Ce sont là des choses dont il ne faut s'occuper qu'en passant : toute notre application doit se porter sur ce qui concerne l'esprit.

XLII

Lorsque quelqu'un te désoblige par ses procédés ou ses propos, persuade-toi qu'il croit avoir raison de le faire. Il est par conséquent impossible qu'il renonce à son sentiment pour suivre le tien. S'il se trompe dans son jugement, il en est le seul puni. Admettons en effet que l'on regarde comme fausse une chose vraie en elle-même, mais enveloppée d'obscurités et difficile à démêler, ce faux jugement ne blesse point la vérité; il n'y a que celui qui se trompe qui en souffre. Si tu pars de ce principe, tu souffriras patiemment les offenses. Chaque fois qu'un homme t'outrage, dis-toi : « Il croit avoir raison. »

XLIII

Toute chose a deux côtés : de l'un des deux elle est supportable; de l'autre elle est insupportable. Ton frère te fait-il quelque injustice? N'envisage pas son procédé du côté où tu ne vois que l'injustice, car alors tu le trouveras insupportable; envisage-le du côté où tu ne vois qu'un frère qui a été élevé avec toi, et ses torts te paraîtront supportables.

XLIV

C'est mal raisonner que de dire : « Je suis plus riche que toi, et ainsi j'ai plus de mérite que toi; je suis plus éloquent, par conséquent j'ai sur toi de la supériorité. » Mais c'est raisonner mieux que de dire : « Je suis plus riche que toi, ainsi mes richesses surpassent les tiennes ; je suis plus éloquent que toi, par conséquent mes discours valent mieux que les tiens. » Quant à ta personnalité, elle est distincte et des richesses et des discours.

XLV

Quelqu'un se lave vite : ne dis pas qu'il se lave mal, mais qu'il se lave vite. Un autre boit beaucoup de vin : ne dis pas qu'il fait mal, dis simplement qu'il boit beaucoup. Car enfin, comment peux-tu savoir qu'il fait mal, avant de connaître le motif qui le fait agir? Grâce à cette prudence, il ne t'arrivera pas de condamner les uns et d'approuver les autres, sans être sûr de ton fait.

XLVI

Ne te donne pas pour philosophe; parle rarement de tes maximes devant le vulgaire, contente-toi de les mettre en pratique. Quand tu es dans un festin, ne fais pas une dissertation sur les bienséances que l'on doit observer à table, mais observe-les simplement. Rappelle-toi que c'est ainsi que Socrate se défit entièrement du faste et de l'ostentation. Lorsque certaines gens venaient le prier de les recommander aux autres philosophes, il les leur conduisait lui-même et ne s'indignait pas que l'on préférât leur doctrine à la sienne.

Si, devant des ignorants, la conversation tombe sur quelque principe de philosophie, garde longtemps le silence, de peur d'émettre sur-le-champ ce que tu n'as pas assez bien digéré. Si l'on dit que tu ne sais rien, ne t'en formalise pas, et sache alors que tu commences à mettre ta philosophie en action. Les brebis ne rejettent pas l'herbe, pour montrer aux bergers ce qu'elles ont mangé; mais après l'avoir bien digérée en elles-mêmes, elles donnent de la laine et du lait. Toi aussi, n'expose pas tes maximes devant des ignorants, mais traduis-les au dehors par ta propre conduite.

XLVII

Si tu es sobre et accoutumé à vivre de peu, n'en tire pas vanité. Si tu ne bois que de l'eau, ne dis pas à tout propos que c'est de l'eau que tu bois. Si tu veux t'exercer au travail, fais-le en particulier, et ne te soucie pas que l'on te regarde. N'embrasse pas les statues par ostentation. Quand tu te sentiras une soif ardente, prend de l'eau fraîche dans ta bouche, et rejette-la sans l'avaler; mais n'en dis mot à personne.

XLVIII

Conduite et caractère de l'homme vulgaire : jamais il ne trouve dans lui-même ou son bien ou son mal ; il l'attend des choses extérieures.

Conduite et caractère du philosophe : il ne trouve qu'en lui seul ce qui lui est avantageux ou nuisible.

A quoi se reconnaît l'homme qui fait des progrès dans la sagesse : il n'adresse de blâme, ni de louange, ni de reproche à personne, n'incrimine personne, ne parle jamais de lui-même, de son mérite ou de son savoir; ne s'en prend qu'à lui-même, s'il se trouve dans quelque embarras ou devant quelque obstacle; se rit intérieurement des louanges que par hasard on lui donne ; ne cherche pas à se justifier, si on l'accuse ; il en use comme les convalescents, et prend garde qu'un mouvement trop violent ne dérange une santé encore mal affermie ; il a banni de son cœur toute sorte de désirs ; il n'a d'aversion que pour ce qui est contraire à la nature des choses qui dépendent de lui ; il ne souhaite rien avec trop d'empressement ; si on le traite d'insensé ou d'ignorant, il ne s'en met pas en peine ; enfin il se tient en garde contre lui-même, se considérant comme son propre et son plus dangereux ennemi.

XLIX

Lorsque quelqu'un se vante de comprendre et de pouvoir expliquer les livres de Chrysippe, dis en toi-même : « Si Chrysippe n'avait pas écrit obscurément, cet homme n'aurait pas à se glorifier. Mais, pour moi, qu'est-ce que je veux ? Connaître à fond la nature et m'y conformer ; je cherche donc qui peut me la faire connaître ; et, quand j'apprends que Chrysippe en est l'interprète, j'ai recours à lui ; mais, si je n'entends pas ce qu'il a écrit, je m'adresse à quelqu'un qui m'en facilite l'intelligence, et jusque-là je n'ai rien fait de fort considérable. D'ailleurs, quand j'aurai trouvé un homme qui m'explique ce philosophe, il me restera encore à mettre ses préceptes en pratique : c'est là le point essentiel ; car si je me contente d'admirer l'explication des livres de Chrysippe, qu'arrive-t-il ? Je deviens grammairien au lieu de devenir philosophe, avec cette différence que, au lieu d'Homère, je commente Chrysippe. Ainsi donc, que quelqu'un me dise : « Relis-moi Chrysippe », je resterai confondu, si je ne puis faire voir en même temps que ma conduite est en tout conforme à sa doctrine.

L

Attache-toi aux préceptes que l'on te propose, comme à des lois que tu ne saurais transgresser sans une sorte d'impiété. Quoi que l'on dise de toi, n'y fais aucune attention. Tu ne tiens pas les langues, et cela n'est pas ton affaire.

LI

Jusqu'à quel temps différeras-tu de mettre en pratique ces excellents préceptes? Quand cesseras-tu de violer les règles de la droite raison? On t'a instruit des maximes que tu dois suivre; tu les as acceptées. Quel maître attends-tu encore, pour commencer à réformer tes mœurs? Tu n'es plus un jeune homme; tu es déjà un homme mûr ; si tu te laisses aller à l'indolence et à l'inaction, si tu diffères de jour en jour à pratiquer ces préceptes; si tu cherches de nouvelles excuses pour t'en dispenser, tu ne t'apercevras pas que tu n'as fait aucun progrès; mais tu continueras à vivre comme tu as vécu, et tu mourras sans connaître la sagesse. Commence donc dès aujourd'hui à vivre comme un homme qui tend à la perfection. Suis toujours le parti qui te paraît le plus honnête, et que ce principe soit une loi inviolable pour toi. Quand il se présentera quelque chose de pénible ou d'agréable, de glorieux ou d'avilissant, souviens-toi alors que le moment du combat est venu, que les jeux olympiques sont ouverts, qu'il n'est plus temps de reculer, et que, dans un seul jour, dans une seule affaire, tu peux compromettre tous les progrès acquis ou les assurer pour toujours. C'est ainsi que Socrate est devenu un sage accompli, en profitant de toutes les circonstances, sans jamais écouter d'autres conseils que ceux de la droite raison. Sans doute tu n'es pas encore un Socrate ; mais tu dois prendre Socrate pour modèle, et vivre avec l'intention de l'égaler.

LII

La première et la plus nécessaire partie de la philosophie est celle qui traite de l'usage des préceptes, comme par exemple, « de ne pas mentir » ; la seconde est celle des démonstrations, ainsi elle démontre « pourquoi il ne faut point mentir » ; la troisième soutient et confirme les deux autres, examine « pourquoi telle chose est démonstration », ce que c'est que démonstration, conséquence, contradiction, vérité, fausseté. Cette troisième partie est nécessaire pour la seconde ; la seconde l'est pour la première ; mais la première est la plus nécessaire de toutes et celle où l'on doit s'arrêter davantage. Cependant nous faisons tout le contraire ; nous nous appliquons plus particulièrement à la troisième ; c'est à celle-là que nous donnons tous nos soins, négligeant absolument la première. Nous savons prouver, par de bonnes raisons, pourquoi il ne faut pas mentir; cependant nous ne laissons pas de mentir bien souvent.

LIII

Au commencement de chaque action, répète ces paroles : « O Jupiter, et toi aussi, ô Destinée, conduisez mes pas vers le but qui m'est assigné; je vous suivrai sans résistance; d'ailleurs, si je vous résiste, je me rendrai coupable, et je ne vous suivrai pas moins[1]. »

« C'est être sage ici-bas que de céder simplement à la fatalité; c'est aussi se rendre compte des secrets des dieux[2]. »

« Mon cher Criton, si telle est la volonté des dieux, que leur volonté s'accomplisse[3]. » — « Anytus et Melitus[4] peuvent m'ôter la vie; mais me faire du mal, ils ne le peuvent pas. »

---

1. Passage extrait d'un poète inconnu.
2. Citation empruntée à Euripide. Cf. Plutarque, *Consolation à Apollonius*, xxx.
3. Voy. Platon, *Criton*, II.
4. Accusateurs de Socrate.

FIN
DU MANUEL D'ÉPICTÈTE

LE TABLEAU DE CÉBÈS

CÉBÈS

Cébès, philosophe grec de Thèbes, vivait à la fin du vᵉ siècle avant Jésus-Christ. Il fut disciple et ami de Platon, qui l'a placé parmi les interlocuteurs du *Phédon*. Le *Tableau* est le seul de ses ouvrages qui nous soit parvenu, et encore est-il attribué par certains érudits, mais sans preuve, à un autre Cébès de Cysique, contemporain de Marc Aurèle. Dans le texte de cet opuscule il s'est glissé peut-être quelques interpolations. Cependant il est facile de reconnaître, dans le style et la conduite générale du dialogue, la méthode socratique de Platon.

En deux mots, voici le sujet de ce petit ouvrage : Cébès avec un de ses compagnons entre dans un temple, s'arrête devant un tableau dont la signification lui échappe; un vieillard survient et le lui explique. Où se trouve le temple ? Sans doute à Athènes ou à Thèbes.

P. C.

LE TABLEAU DE CÉBÈS

PHILOSOPHE PLATONICIEN

ou

L'IMAGE DE LA VIE HUMAINE

I

Nous nous promenions dans le temple de Saturne, et nous considérions divers présents qu'on y avait offerts. Il y avait à l'entrée du temple un tableau qui représentait des fables toutes particulières, et dont le dessin était étranger. Nous ne pûmes jamais comprendre ce que c'était, ni d'où on les avait tirées. Ce tableau ne représentait proprement ni une ville, ni un camp. C'était une espèce d'enceinte qui en renfermait deux autres, l'une plus grande, et l'autre plus petite. Il y avait une porte au devant de la première enceinte ; une foule de peuple entourait cette porte, et l'on voyait au dedans de l'enceinte une grande multitude de femmes. A l'entrée de la première enceinte, on apercevait un vieillard debout qui semblait donner des ordres à la foule qui entrait.

II

Dans l'incertitude où nous étions sur le sujet de ce tableau, après y avoir rêvé longtemps, un vieillard qui se trouvait là nous dit:

— « Ne vous étonnez pas, vous qui êtes étrangers, si vous ne pouvez comprendre le sujet de cette peinture ; la plupart de ceux du pays n'y sont pas plus savants que vous. Ce présent n'a pas été fait par un habitant du pays ; mais un étranger, homme d'esprit et d'érudition, recommandable par sa sagesse, et qui témoignait, par ses paroles et ses actions, qu'il était un disciple zélé de Pythagore et de Parménide, abordant autrefois en ce pays, dédia ce temple et ce tableau à Saturne. »

Je lui demandai : — « Avez-vous donc vu et connu personnellement cet homme ? »

— « Je l'ai vu et admiré, répondit-il, bien que je fusse jeune. Il était d'un âge avancé, et sa conversation était pleine de profondes pensées. Je l'ai entendu bien des fois discourir sur le sujet de ce tableau. »

III

— « Par Jupiter, lui dis-je, si aucune affaire importante ne vous appelle ailleurs, je vous conjure de nous en donner l'explication ; car nous avons un désir extrême de savoir ce que cette fiction signifie. »

— « J'y consens, ô étrangers, répliqua-t-il ; mais je dois vous prévenir que votre curiosité vous expose à quelque danger. »

— « Quel danger? » lui dis-je.

— « Si vous écoutez avec attention, fit-il, et si vous comprenez ce que j'ai à vous dire, vous deviendrez sages et heureux ; mais si vous l'écoutez sans attention, vous deviendrez insensés et malheureux ; et vous passerez votre vie entière dans les peines et l'ignorance. Cette énigme ressemble, en quelque manière, à celle que proposait le Sphinx: celui qui la devinait était hors de péril ; mais celui qui ne la devinait pas était mis à mort par le Sphinx même. Voilà à peu près l'effet produit par l'explication que je vais faire ; car la folie est pour les hommes comme le Sphinx ; ici on propose, sous des figures, ce qui est bon, ou mauvais, ou indifférent, dans le cours de la vie ; si donc il arrive que quelqu'un ne le devine pas, il est exterminé par la folie, non tout d'un coup, comme par le Sphinx qui dévorait ses victimes, mais peu à peu, par une consomption lente, comme ceux à qui l'on donne la question. Si au contraire on a compris parfaitement toutes ces choses, la folie disparaît ; on est sauvé, et l'on passe sa vie entière dans la quiétude et le véritable bonheur. Soyez donc attentifs et n'ayez pas de distraction. »

IV

— « Par Hercule, vous redoublez notre curiosité, si les choses sont comme vous le dites. »

— « Et elles sont comme je le dis », observa-t-il.

— « Commencez donc votre explication ; nous n'y prêterons pas une attention médiocre ; elle vaut la peine d'être écoutée. »

Ayant alors pris une baguette, et la portant sur le tableau : — « Voyez-vous cette enceinte », dit-il.

— « Oui, nous la voyons. »

— « Premièrement il faut que vous sachiez que ce lieu s'appelle *la Vie*, et que cette foule qui se presse devant la porte, ce sont ceux qui doivent être appelés à la vie. Le vieillard élevé au-dessus des autres, qui tient un papier d'une main, qui fait des signes de l'autre, est appelé *Génie;* il prescrit à ceux qui doivent entrer dans la vie tout ce qu'ils y devront faire une fois entrés, et il leur montre la route qu'ils doivent suivre pour y être heureux. »

V

— « Quelle est donc, lui demandai-je, cette route qu'il indique, et comment y entre-t-on ? »

— « Vois-tu, répondit-il, auprès de cette porte par où la foule passe, une espèce de trône sur lequel est assise une femme qui affecte une grande douceur, semble douée d'une grande force de persuasion, et tient une coupe à la main ? »

— « Je la vois, mais quelle est cette femme ? » dis-je.

— « Elle se nomme l'*Imposture*, reprit-il ; c'est elle qui égare tous les hommes. »

— « Ensuite que fait-elle ? »

— « A tous ceux qui entrent dans la Vie elle fait boire de son breuvage. »

— « Mais ce breuvage, quel est-il ? »

— « Il se compose de l'*Erreur* et de l'*Ignorance*. »

— « Et ensuite ? »

— « Quand ils en ont bu, ils s'avancent dans la Vie. »

— « Tous boivent-ils l'Erreur sans aucune exception ? »

VI

— « Tous en boivent, les uns plus, les autres moins. Vois-tu encore au-dessus de la porte, ajouta-t-il, une troupe de femmes, courtisanes toutes provocantes, malgré la diversité des physionomies ? »

— « Oui, je les vois. »

— « Celles-là s'appellent les *Opinions*, les *Convoitises* et les *Voluptés*. Lorsque la foule des humains entre dans la Vie, elles s'élancent vers eux, les prennent dans leurs bras et ensuite les emmènent. »

— « Où les emmènent-elles ? »

— « Elles en conduisent quelques-uns en lieu de sûreté ; elles font périr les autres qui ont été séduits par l'Imposture. »

— « O Dieu ! de quel étrange breuvage nous parlez-vous ! »

— « Toutes ces femmes, ajouta-t-il, leur promettent de les conduire vers les plus grands biens et dans une vie heureuse et tranquille ; mais, trompés par l'Erreur et l'Ignorance qu'ils ont bues dans la coupe de l'Imposture, ils ne peuvent trouver le bon chemin dans le voyage de la Vie, et ils errent à l'aventure, comme tu peux voir ceux qui sont entrés les premiers et qui se laissent mener de côtés et d'autres à tout hasard. »

VII

— « Je les vois, dis-je ; mais quelle est cette femme qui semble aveugle et comme en démence, et qui est debout, le pied sur une boule de marbre ? »

— « Elle s'appelle la *Fortune*, répondit-il ; elle n'est pas seulement aveugle et folle, mais encore elle est sourde. »

— « Quelles sont donc ses occupations ? »

— « Elle court au hasard de tous côtés ; elle ravit aux uns ce qu'ils ont pour le donner aux autres ; un moment après, elle enlève encore à ceux-ci ce qu'elle leur a donné, pour en gratifier d'autres, sans choix, et sans qu'il y ait rien de stable dans ses présents. Elle a un symbole qui indique bien sa capricieuse nature ».

— « Quel symbole ? » demandai-je.

— « La boule de marbre sur laquelle elle est debout. »

— « Que signifie exactement ce symbole ? »

— « Il donne à entendre que les présents qu'elle fait n'ont rien de stable ni d'assuré ; et que se fier à elle, c'est s'exposer à de grandes et terribles chutes. »

VIII

— « Cependant voilà des gens en foule qui se pressent autour d'elle : qu'est-ce qu'ils veulent ; et quelle sorte de gens sont-ils ? »

— « Ces gens-là s'appellent des étourdis. Ils manquent de jugement, et ils demandent, chacun pour soi, ce que la Fortune jette au hasard. »

— « Comment se fait-il qu'il y ait tant de différence entre eux dans leur attitude et sur leur physionomie ? Les uns paraissent transportés de joie, les autres, tendant les mains, semblent consternés. »

— « Ces gens qui ont l'air joyeux et souriant, répondit-il, sont ceux qui ont reçu de cette femme quelque faveur ? et ceux-là l'appellent la Bonne Fortune. Quant aux gens qui, les bras tendus, semblent se livrer au désespoir, ce sont ceux auxquels elle a enlevé ce qu'ils avaient pour le donner aux autres; et ceux-ci l'appellent au contraire la Mauvaise Fortune. »

— « Que peut-elle donc leur donner, pour que les uns soient si joyeux de le recevoir et les autres si désolés d'en être dépouillés ? »

— « Ce qu'elle donne, dit-il, ce sont des choses que les hommes considèrent comme des biens. »

— « Ces biens, quels sont-ils donc ? »

— « Sans aucun doute, ce sont les richesses, la gloire, la noblesse, la famille, les royautés, les empires et autres choses semblables. »

— « Mais ne sont-ce pas là de véritables biens ? »

— « Plus tard il nous sera loisible de traiter cette question; pour le moment, restons-en à l'explication du tableau. »

— « D'accord. »

IX

— « Vois-tu un peu plus haut, au-delà de cette porte, une autre enceinte, et, hors de cette enceinte, plusieurs femmes parées comme des courtisanes ? »

— « Oui, parfaitement. »

— « Eh bien ! ces femmes s'appellent l'*Incontinence*, la *Débauche*, l'*Avidité* et la *Flatterie*. »

— « Pourquoi donc sont-elles là ? »

— « Elles épient au passage ceux qui ont reçu quelque faveur de la Fortune. »

— « Et ensuite ? »

— « Ensuite, elles s'élancent vers eux, les prennent dans leurs bras, les flattent, les engagent à demeurer avec elles, leur promettant une vie douce, exempte de peine et de tout désagrément. Si quelqu'un se laisse séduire par leurs promesses et s'abandonne aux plaisirs, cette vie lui paraît d'abord délicieuse et enivrante ; mais son ivresse se dissipe bientôt, et alors il s'aperçoit qu'il n'a goûté que de fausses joies, qu'il n'a été qu'une victime, et qu'on s'est moqué de lui. Après avoir dépensé tout ce qu'il avait reçu de la Fortune, il est contraint de se faire l'esclave de ces courtisanes, de souffrir mille avanies, de se déshonorer, de commettre mille infamies pour leur complaire : par exemple, de se faire voleur, sacrilège, parjure, traître, brigand, en un mot de ne reculer devant aucun crime. Lorsque enfin ce malheureux n'a plus rien à lui, il est livré à la *Punition* ou *Châtiment*[1]. »

X

— « Cette Punition, quelle est-elle ? »
— « Vois-tu en arrière, un peu plus haut, une toute petite porte et un cachot étroit et obscur ? »
— « Oui. »
— « Dans ce cachot, aperçois-tu un groupe de

[1]. Ici et plus loin les abstractions étant personnifiées en grec à un genre différent de l'équivalent français, nous les traduisons par deux mots dont le second est explicatif du premier.

femmes hideuses, malpropres, vêtues de sordides haillons ? »

— « Je les entrevois. »

— « Eh bien ! dit-il, l'une d'elles, celle qui tient un fouet à la main, s'appelle la *Punition* ou *Châtiment;* celle qui a la tête appuyée sur ses genoux, c'est la *Tristesse* ou *Chagrin;* l'autre qui s'arrache les cheveux, c'est la *Douleur.* »

— « Et cet homme laid, maigre et nu, qui est debout auprès d'elles avec une femme hideuse, maigre et aussi affreuse que lui, quel est-il ? »

— « Cet homme, répondit-il, s'appelle le *Gémissement* ou *Lamentation;* il a auprès de lui sa sœur, la *Désolation* ou *Désespoir.* C'est à ces monstres qu'on le livre, et il passe avec eux sa vie, en butte à mille tourments. Ensuite on le jette dans une autre demeure, où séjourne l'*Infortune*, et là il achève le reste de ses tristes jours, accablé de toutes sortes de misères, à moins que la *Pénitence* ou *Repentir* ne vienne spontanément à son secours. »

XI

— « Qu'arrive-t-il ensuite, si la Pénitence ou Repentir vient à son secours ? »

— « Elle l'arrache à ses misères, lui donne pour compagne, en même temps que la bonne *Volonté*, l'*Opinion* ou *Croyance* qui conduit à la *vraie Doctrine* ou *vrai Savoir*, bien que parfois elle conduise aussi à la *fausse Doctrine* ou *faux Savoir.* »

— « Et qu'advient-il alors ? »

— « Alors, répondit-il, s'il est assez heureux pour s'attacher aux pas de l'Opinion qui le mène à la vraie Doctrine ou vrai Savoir, elle le délivre de ses préjugés et de ses erreurs, et il achève le reste de sa vie dans e repos et la félicité ; mais il est possible que la fausse Doctrine ou faux Savoir le rejette encore dans ses égarements. »

XII

— « Par Hercule, m'écriai-je, voilà un autre épouvantable danger. Mais qu'est-ce que la fausse Doctrine ou faux Savoir ? »

— « Vois-tu cette autre enceinte ? » reprit le vieillard ?

— « Je la vois distinctement », lui dis-je.

— « Hors de l'enceinte et près de l'entrée, ajouta-t-il, il y a une femme debout : toute sa personne ne respire-t-elle pas la propreté et l'ordre ? »

— « La propreté et l'ordre même. »

— « Le vulgaire et les hommes inconsidérés l'appellent *Instruction* ou *Savoir;* mais ce nom ne lui convient pas, car elle n'est que la fausse Doctrine. Cependant nous voyons que les hommes les plus sages, désirant parvenir au véritable Savoir, séjournent quelque temps auprès d'elle. »

— « N'y a-t-il donc pas une autre route qui conduise au vrai Savoir ? »

— « Il y en a une, » dit-il.

XIII

— « Et ces hommes qui vont et qui viennent à l'intérieur de l'enceinte, quels sont-ils ? »

— « Ces hommes, répondit-il, sont les amants passionnés de la fausse Doctrine ou faux Savoir. Mais ils se font illusion, et s'imaginent vivre en société avec la vraie Doctrine. »

— « Comment les appelle-t-on ? »

— « Ce sont les poètes, les rhéteurs, les dialecticiens, les musiciens, les arithméticiens, les géomètres, les astrologues, les critiques, les sensualistes, les péripatéticiens et autres gens semblables. »

XIV

— « Mais quelles sont ces femmes que l'on voit courir de tous côtés, et qui ressemblent d'une manière frappante à celles dont vous parliez tout à l'heure et parmi lesquelles, disiez-vous, se trouvait l'Incontinence ? »

— « Ce sont les mêmes, » dit-il.

— « Entrent-elles aussi dans cette seconde enceinte ? »

— « Oui, répondit le vieillard, mais plus rarement et autrement que dans la première. »

— « Est-ce qu'avec elles sont aussi les Opinions », lui dis-je.

— « Sans doute, fit-il. Ces hommes que vous

voyez se sentent encore des restes du breuvage que l'Imposture leur a fait prendre : ils gardent encore de l'ignorance et avec elle quelquefois de la folie. Ils ne se corrigent de leurs erreurs, et de tous leurs autres défauts, que lorsqu'ils ont renoncé au faux Savoir et sont entrés dans la voie de la véritable Science où ils prennent un contre-poison. Alors ils se trouvent délivrés de l'ignorance, des fausses opinions et des autres vices dont ils se sont laissé infecter. Mais, tant qu'ils demeureront auprès de la fausse Doctrine, ils ne jouiront jamais d'une entière liberté, et ne se déferont d'aucun vice, à cause des mauvaises leçons qu'ils reçoivent. »

XV

— « Quelle est donc, lui demandai-je, cette voie qui conduit à la véritable Doctrine ? »

— « Aperçois-tu là-haut, répondit-il, un endroit inhabité, et qui semble absolument désert ? »

— « Je l'aperçois. »

— « Vois-tu aussi une petite porte et, devant cette porte, un sentier peu fréquenté ? peu de gens s'y engagent, parce qu'il paraît malaisé, rocailleux et presque impraticable. »

— « Je le distingue parfaitement, » dis-je.

— « Il y a là une colline escarpée et d'un accès difficile, dont les avenues sont étroites et entourées de profonds précipices. »

— « Je la vois. »

— « C'est là, ajouta-t-il, la route qui conduit à la véritable Doctrine. »

— « Cette route paraît bien difficile. »

— « Au sommet de la colline, vois-tu un grand rocher très haut et escarpé de tous côtés. »

— « Je le vois, » lui dis-je.

XVI

— « Aperçois-tu aussi debout sur le rocher deux femmes robustes et d'une taille imposante. On dirait qu'elles tendent les mains avec des démonstrations de joie.

— « Oui, je les aperçois. Mais comment s'appellent-elles. »

— « L'une s'appelle la *Continence*, et l'autre la *Patience;* elles sont sœurs. »

— « Pourquoi tendent-elles ainsi les mains de bonne grâce ? »

— « Elles exhortent ceux qui approchent d'elles à gravir le terrain avec courage et sans crainte; elles les rassurent en leur disant qu'ils n'ont plus longtemps à souffrir et qu'ensuite elles les mettront sur un beau chemin. »

— « Quand ils sont arrivés près du rocher, comment y montent-ils ? car je ne vois aucun sentier qui aille jusqu'à ces femmes. »

— « Celles-ci descendent alors du sommet où elles se trouvent et les attirent vers elles, ensuite elles les laissent un peu reposer pour prendre haleine. Peu après, elles leur donnent de la force et de la confiance, leur promettant de les conduire à la véritable Doctrine ; et elles leur montrent combien la route est belle, aplanie, commode, et n'offrant aucun danger, ainsi que tu peux le voir. »

— « Par Jupiter, j'en juge bien. »

XVII

— « Vois-tu donc, continua-t-il, au devant de ce bocage, un lieu d'un aspect agréable? On dirait une prairie toute baignée de lumière. »

— « Très bien. »

— « Remarques-tu au milieu de cette prairie une autre enceinte et une autre porte ? »

— « Oui. Mais comment ce lieu s'appelle-t-il ? »

— « C'est là le séjour des bienheureux, répondit le vieillard ; et c'est là qu'habitent toutes les *Vertus* avec la *Félicité*. »

— Oh ! lui dis-je, que ce séjour paraît délicieux ! »

XVIII

— « Vois-tu près de la porte, ajouta-t-il, une femme d'une éclatante beauté? La noblesse est peinte dans tous ses traits; elle est déjà d'un âge mûr, et elle porte un vêtement simple, sans ornements. Elle n'est pas sur une boule de marbre, mais sur une pierre de taille carrée et bien assujettie. Deux autres jeunes femmes sont auprès d'elle, ce sont sans aucun doute ses filles. »

— « Oui, sans aucun doute. »

— « Celle de ces femmes qui est au milieu est la véritable Doctrine, une autre est la *Vérité*, et l'autre la *Persuasion*. »

— « Mais, dis-je, pourquoi se tient-elle sur une pierre de taille carrée ? »

— « C'est un symbole, répondit-il. Il donne à entendre aux voyageurs que la route qui conduit vers elle est sûre et ferme, et que, si elle fait des présents, ils sont définitivement acquis à ceux qui les reçoivent, et pour toujours. »

— « Quels sont ces présents ? »

— « Ce sont la *Confiance* et la *Sécurité*, » répondit le vieillard. »

— « D'où résultent-elles ? »

— « Elles résultent de l'assurance où l'on est de ne jamais avoir à souffrir d'accident fâcheux dans le cours de la vie. »

XIX

— « Par Hercule, lui dis-je, voilà des présents bien désirables ; mais pourquoi demeure-t-elle hors de l'enceinte ? »

— « C'est pour être plus à même de soigner ceux qui arrivent et de les guérir avec ses puissants remèdes. Ensuite, lorsqu'elle les a fortifiés, elle les conduit aux Vertus. »

— « Comment cela? observai-je ; car je ne comprends pas. »

— « Tu vas comprendre, me dit-il. Si un homme se trouve gravement malade, il va sans doute trouver un médecin. Celui-ci commence par le purger des humeurs qui provoquent la maladie, et ainsi le rétablit et le ramène à la santé; si par hasard le malade refusait de se conformer aux ordonnances du médecin, il en pâtirait par sa faute, et succomberait peut-être à la violence de son mal. »

— « Cela se comprend », lui dis-je.

— « Il en est de même, reprit-il, quand quelqu'un est parvenu au séjour de la véritable Doctrine : elle lui donne des soins et lui fait prendre de ses remèdes, afin de le purger d'abord de ses habitudes et de le délivrer de tous les défauts qu'il avait lors de son arrivée. »

— « Quels sont ces défauts? »

— « L'Ignorance et l'Erreur qu'il avait puisées à la coupe de l'Imposture ; ensuite l'Arrogance, la Convoitise, l'Incontinence, la Colère, l'Avarice et tous les autres vices dont il s'était laissé infecter dans la première enceinte. »

XX

— « Lorsqu'elle l'a purifiée, où l'envoie-t-elle? »

— « Elle l'introduit dans le séjour de la Science et des autres Vertus. »

— « Quelles sont ces Vertus? »

— « Ne vois-tu pas, me dit-il, à l'intérieur de la porte, un groupe de femmes? Remarque leur ravissante beauté, leur décence, la modestie et la simplicité de leur parure : il n'y a dans toute leur personne aucune affectation, aucune recherche comme dans les autres femmes. »

— « Oui, je les vois, mais quel est leur nom ? »

— « La première se nomme la *Science*, dit-il; les autres sont ses sœurs; ce sont : la *Force*, la *Justice*, l'*Honnêteté*, la *Tempérance*, la *Modestie*, la *Liberté*, la *Continence*, la *Douceur*. »

— « Cher vieillard, quelles bonnes espérances vous nous faites entrevoir ! »

— « Oui, reprit-il, si vous comprenez bien, et si vous mettez en pratique ce que vous entendez. »

— « C'est ce que nous nous efforcerons de faire », lui dis-je.

— « En ce cas, ajouta-t-il, votre salut sera certain. »

XXI

— « Lorsqu'elles ont pris un homme sous leur conduite, où le mènent-elles? »

— « A leur mère, » répondit-il.

— « Leur mère? Quelle est-elle? »

— « C'est la *Félicité*. »

— « Quelle félicité ? »

— « Aperçois-tu cette route qui mène au sommet de cette colline, point culminant, acropole de toutes les enceintes ? »

— « Oui. »

— « Sous le vestibule de l'acropole, une femme, d'une beauté majestueuse, est assise sur un trône élevé ; sa parure est noble, mais sans faste, et elle porte une couronne de fleurs qui rehausse encore sa beauté. »

— « Aucun de ces détails ne m'échappe. »

— « Eh bien ! dit-il, cette femme est la Félicité. »

XXII

— « Lorsque quelqu'un est parvenu en ce lieu, que fait-elle ? »

— « La Félicité et les autres Vertus lui décernent une couronne, récompense réservée à ceux qui ont remporté la victoire dans les plus grands combats. »

— « Et dans quels combats cet homme a-t-il été victorieux ? lui dis-je. »

— « Dans les combats les plus acharnés, répondit-il, contre les plus redoutables des monstres, contre ces monstres qui d'abord le dévoraient, le flattaient et faisaient de lui leur esclave. Il les a tous vaincus, les a rejetés loin de lui, s'en est rendu maître, et les a contraints d'être ses esclaves, comme lui-même avait été leur esclave autrefois. »

XXIII

— « De quels monstres parles-tu ? J'ai hâte de le savoir. »

— « Tout d'abord, répondit-il, de l'Ignorance et de l'Erreur. Ne trouves-tu pas que ce soient là des monstres ? »

— « Oh ! répliquai-je, des monstres dangereux. »

— « Je te parle ensuite du Chagrin, de la Douleur, de l'Avarice, de l'Incontinence et de tous les autres vices. Il les maîtrise tous, comme auparavant ils l'avaient lui-même maîtrisé. »

— « O les belles actions, m'écriai-je, et quelle glorieuse victoire ! Mais, dites-moi, quelle propriété a la couronne qu'on lui a décernée ?

— « Jeune homme, cette couronne est une garantie de bonheur. Celui qui l'a reçue devient par là même souverainement heureux : il ne place pas ses espérances dans les autres ; c'est en lui-même qu'il les place et qu'il trouve tous ses biens. »

XXIV

— « Quelle éclatante victoire que celle-là ! Mais après avoir reçu la couronne, que fait-il et où va-t-il ? »

— « Les Vertus le prennent et le conduisent à l'endroit d'où il est parti d'abord ; elles lui font voir ceux qui y sont demeurés, et qui y traînent une vie triste et malheureuse, exposés à faire naufrage à tout moment, errants çà et là à l'aventure.

« Ils sont vaincus et emmenés comme en captivité par leurs ennemis, les uns par l'Incontinence, les autres par la Présomption, d'autres par l'Avarice, ou bien par la Vanité, enfin, par tous les Vices dont ils ne peuvent se délivrer. Retenus par les liens qui les enchaînent, ils sont incapables de se sauver et de venir ici. Toute leur vie se passe dans de perpétuelles angoisses, parce qu'ils ne peuvent trouver la route qui conduit à la véritable Doctrine et qu'ils ont oublié les conseils que le Génie leur a donnés. »

XXV

— « Ce que vous dites me paraît raisonnable, répliquai-je ; mais j'ai de la peine à deviner pourquoi les Vertus lui montrent le lieu d'où il est parti d'abord. »

— « C'est parce que, ne connaissant pas bien distinctement tout ce qui s'y passe, il en était réduit à des suppositions, à cause de l'Ignorance et de l'Erreur dont il s'était empoisonné en vidant la coupe de l'Imposture ; il confondait le bien et le mal ou n'en faisait pas un juste discernement. Voilà pourquoi il avait une vie malheureuse, comme ceux qui demeurent encore au même lieu.

Mais maintenant qu'il a une connaissance parfaite de ses véritables intérêts, il a une douce existence, et, en contemplant les autres, il se rend compte de leur malheur. »

XXVI

— « Lorsqu'il aura tout contemplé, que va-t-il faire, et où va-t-il aller encore ? »

— « Il peut faire ce qu'il veut, aller où il lui plaira. Partout il est aussi en sûreté que dans l'antre de Corycus[1]. En quelque lieu qu'il aille, il est sûr de vivre heureux, de ne courir aucun danger; partout on l'accueillera avec le même empressement que le médecin accueille les malades. »

— « N'appréhende-t-il plus ces femmes que vous appeliez tout à l'heure des monstres ? Ne craint-il pas qu'elles lui fassent encore du mal ? »

— « Non, répondit-il. Ni la Douleur, ni le Chagrin, ni l'Incontinence, ni l'Avarice, ni la Pauvreté, ni aucun autre monstre ne le tourmentera à l'avenir. Il s'en est rendu maître, et il est désormais au-dessus de leurs atteintes; il ne court pas plus de danger que les preneurs de serpents. Ces gens n'ont, en effet, rien à craindre des reptiles dont la morsure est cependant mortelle pour tout le monde, car ils ont un contre-poison. De même cet homme dont je parle n'a, lui non plus, rien à craindre; il a un remède contre tous les maux. »

1. Grotte consacrée à Pan et aux Nymphes, en Cilicie.

XXVII

— « Votre explication me paraît bien juste. Mais dites-moi encore ceci : Quels sont ces hommes qui me font l'effet de descendre de la colline ? Les uns ont des couronnes et donnent des marques de joie ; les autres, qui n'ont pas de couronnes, sont accablés de tristesse et se livrent au désespoir ; on dirait qu'ils ont la tête et les cuisses fracassées ; et l'on voit des femmes qui les malmènent. »

— « Ceux qui ont des couronnes sont parvenus heureusement à la véritable Doctrine ; voilà ce qui cause leur joie. Les autres que tu vois sans couronnes en ont été rebutés ; ils s'en retournent pénétrés de douleur et profondément malheureux, parce qu'ils ont manqué de courage, et ne sont pas arrivés jusqu'à la Patience. Aussi ils reviennent sur leurs pas, et errent çà et là, sans savoir quelle route ils doivent suivre. »

— « Mais les femmes qui les accompagnent, quelles sont-elles ? »

— « Ce sont les Chagrins, les Douleurs, les Désespoirs, les Infamies et les Ignorances. »

XXVIII

— « Autant dire qu'ils sont suivis de tous les maux. »

— « Oui, par Jupiter, de tous les maux. Cependant, quand ils sont entrés dans la première enceinte, au séjour de la Volupté et de l'Incontinence, ils ne rejettent point sur eux-mêmes la cause de leurs malheurs; ils déclament contre la véritable Doctrine et contre ceux qui la cherchent; ils regardent ceux-ci comme des malheureux, des misérables qui ont renoncé à la vie agréable dont ils jouissent eux-mêmes, et qui se sont privés de grands biens. »

— « De quels biens veulent-ils parler ? »

— « De la Débauche et de l'Incontinence ; c'est tout dire, car, pour eux, la plus grande jouissance ici-bas est de boire, manger et vivre comme des bêtes. »

XXIX

— « Et ces autres femmes qui reviennent avec tant de gaieté et d'enjouement, quelles sont-elles ? »

— « Ce sont les Opinions. Après avoir conduit à la véritable Doctrine ceux qui sont maintenant parmi les Vertus, elles retournent pour en y mener d'autres, et elles font savoir que ceux qu'elles y ont déjà conduits sont parfaitement heureux. »

— « Eh quoi ! observai-je, ne vont-elles donc pas elles-mêmes jusqu'au séjour des Vertus ? »

— « Non, répondit-il. Il n'est point permis à l'Opinion de pénétrer jusqu'à la Science. Elles remettent seulement les hommes entre les mains de la véritable Doctrine. Lorsque celle-ci les a reçus, elles retournent sur leurs pas en chercher d'autres, comme les navires qui, après avoir déchargé leur cargaison, reviennent en prendre une autre. »

XXX

— « Il ne manque rien à vos éclaircissements, lui dis-je; cependant vous ne nous avez pas encore parlé de ce que le Génie prescrit à ceux qui entrent dans la vie. »

— « Il leur recommande de s'armer de courage. Ainsi prenez courage vous-mêmes : je vais tout expliquer, sans omettre rien. »

— « Merci, » lui dis-je.

Ayant donc tendu le bras vers le tableau : — « Voyez-vous, reprit-il, cette femme aveugle qui est représentée le pied sur une boule de marbre? Je vous ai déjà dit qu'on la nomme la Fortune. »

— « Nous la voyons. »

XXXI

— « Le Génie recommande de ne pas se fier à elle, de ne pas croire que les présents qu'elle fait soient stables et permanents, et de ne pas les regarder comme une chose à soi, puisque rien n'empêche qu'elle ne nous les ravisse pour en gratifier d'autres, ce qu'elle fait souvent. Voilà pourquoi le Génie avertit surtout de ne pas se laisser séduire par ses présents; de ne pas témoigner une joie excessive quand elle nous les fait, ni de tristesse quand elle nous en prive, et de ne lui adresser ni reproches ni louanges, parce qu'elle n'agit point par raison, et fait tout au hasard et par caprice, comme je vous l'ai déjà dit. Le Génie conseille encore de ne pas admirer ce qu'elle fait, et de ne pas imiter les banquiers de mauvaise foi. Ces banquiers reçoivent avec joie l'argent que l'on met entre leurs mains, le considérant comme s'il était à eux; et ils se fâchent et se trouvent profondément blessés, quand on le leur réclame, ne se souvenant plus qu'ils n'ont reçu qu'un dépôt, et que le dépositaire est toujours libre de le reprendre. C'est de la sorte que le Génie conseille d'envisager les faveurs de la Fortune, et de se souvenir qu'elle se fait un jeu d'ôter ce qu'elle a donné, pour en donner sur-le-champ encore davantage, et d'enlever de nouveau non seulement ce qu'elle a donné, mais encore tout ce qu'on possédait auparavant. Il conseille donc de recevoir les présents qu'elle accorde, et de s'éloigner sans retard, en jetant les yeux sur des présents stables et qu'on ne peut ravir. »

XXXII.

— « Quels sont ces présents? » demandai-je.
— « Ceux de la véritable Doctrine, si on les a sous la main. »
— « Quelle est donc cette véritable Doctrine?»

— « C'est la Science qui nous donne la parfaite intelligence de ce qui nous est utile; ce qu'elle nous donne n'offre aucun danger, nous appartient pour toujours et ne nous cause aucun remords. Le Génie ordonne donc de recourir à elle sans retard, de s'éloigner aussi vite que possible de ces femmes dont je vous ai déjà parlé, qui sont l'Incontinence et la Volupté; si par malheur on en approchait, de ne se fier jamais à leurs séduisantes promesses, jusqu'à ce qu'on soit arrivé à la fausse Doctrine. Il veut qu'on fasse quelque séjour auprès de celle-ci et qu'on reçoive d'elle ce que l'on voudra, mais en passant, et sans s'y arrêter, afin de se réfugier promptement auprès de la véritable Doctrine. Telles sont les recommandations faites par le Génie : celui qui n'en tient pas compte ou qui ne les comprend pas, devient méchant et fait une fin funeste.

XXXIII

— « Voilà, ô étrangers, l'explication de l'allégorie que nous représente ce tableau. Si vous désirez en outre quelques détails, je suis prêt à vous les donner, et vous dirai ce que je sais. »

— « C'est très clair, lui dis-je. Cependant qu'est-ce que le Génie veut que l'on reçoive de la fausse Doctrine ? »

— « Des choses qui semblent avoir de l'utilité. »

— « Quelles sont ces choses ? »

— « Les lettres et un certain nombre de sciences qui, si l'on en croit Platon, servent de frein à la jeunesse et l'empêchent de se livrer à de frivoles distractions. »

— « Est-il indispensable d'acquérir ces connaissances pour parvenir à la véritable Doctrine ? »

— « Nullement; elles en facilitent l'accès, mais elles ne contribuent pas à rendre les hommes plus vertueux. »

— « Eh quoi ! vous prétendez que ces connaissances ne contribuent pas à former des gens de bien ? »

— « Oui. On peut, sans ces connaissances, devenir vertueux, bien qu'elles soient de quelque secours. Voici une comparaison : nous pouvons toujours suivre une conversation en langue étrangère au moyen d'un interprète; cependant il est utile de posséder cette langue même, car on saisit mieux le sens des phrases ; de même, sans le secours des sciences dont il s'agit, rien n'empêche de devenir parfaitement vertueux[1]... »

XXXIV

— « Ces hommes qui ont étudié les sciences sont-ils dans de meilleures conditions que les autres pour devenir gens de bien ? »

— « Comment pourraient-ils être dans de meilleures conditions que les autres, puisqu'ils

---

1. Il y a ici une lacune dans le texte.

ont, comme les autres, de fausses idées du bien et du mal, et sont, comme eux, engagés dans toutes sortes de vices? Pour exceller dans les lettres et posséder toutes les sciences, ils n'en sont pas moins intempérants, débauchés, avares, injustes, traîtres, et enfin insensés. »

— « C'est vrai, et il n'est pas rare d'en voir avec ces défauts. »

— « Comment ces hommes pourraient-ils donc devenir vertueux plus facilement que les autres, à cause des sciences qu'ils possèdent?»

XXXV

— « Vous venez de démontrer que c'est impossible. Mais pourquoi demeurent-ils dans la seconde enceinte, comme s'ils se rapprochaient de la véritable Doctrine ? »

— « A quoi cela leur sert-il? répondit le vieillard. Bien souvent on peut voir des gens sortir de la première enceinte où ils étaient avec l'Incontinence et d'autres vices, et passer d'emblée dans la troisième, pour aller jusqu'à la véritable Doctrine, laissant ces savants fort loin derrière eux.

Encore une fois, quel avantage ces savants-là ont-ils sur les autres hommes, si, là où ils se trouvent, ils montrent plus d'indolence et moins de docilité ? »

— « Comment cela? » lui demandai-je.

—[1]..... « Ceux de la seconde enceinte, répon-

1. Encore une lacune ici.

dit-il, pèchent en ce qu'ils croient savoir ce qu'ils ignorent ; ce préjugé ou cette fausse persuasion les rend plus indolents, les empêche de s'élancer avec ardeur sur le chemin qui conduit à la véritable Doctrine. De plus, ne remarques-tu pas que les Opinions franchissent la première enceinte pour venir à eux? Ainsi ils ne sont pas plus vertueux que les autres, à moins que le Repentir ne vienne à leur secours, pour les détromper et leur faire connaître qu'ils n'ont pas la véritable Doctrine et qu'ils sont séduits par la fausse Instruction. En conséquence, s'ils restent dans l'état où ils se trouvent, ils ne sauraient devenir heureux.

Pour vous, ô étrangers, continua-t-il, je vous exhorte à pratiquer ces préceptes, à vous les rendre familiers par un continuel exercice jusqu'à ce qu'ils soient passés pour ainsi dire dans votre tempérament. Méditez-les souvent, ayez-les toujours sous vos yeux ; comptez pour rien tout le reste ; sans cela, tout ce que vous venez d'entendre ne sera pour vous d'aucune utilité. »

XXXVI

— « Nous suivrons vos conseils ; mais, dites-nous, pourquoi ne mettez-vous pas au rang des biens ce que la Fortune donne aux hommes, par exemple la vie, la santé, les richesses, la gloire, une postérité, la victoire et les autres choses de cette nature ; ou pourquoi ne regardez-vous pas comme des maux ce qui leur est opposé ? Ce que vous nous en dites est contraire à l'opinion reçue, et nous paraît invraisemblable. »

— « Eh bien ! fit-il, réponds aussi exactement que possible aux questions que je vais te faire. »

— « J'essaierai. »

— « Crois-tu que la vie soit un bien pour celui qui vit mal ? »

— « Non, je crois plutôt qu'en ce cas la vie est un mal véritable. »

— « Comment la vie peut-elle être en elle-même un bien, si pour cet homme-là elle est un mal ? »

— « Je pense que, si la vie est un mal pour ceux qui en font un mauvais usage, elle est aussi un bien pour ceux qui savent en bien user. »

— « Ainsi donc tu prétends que vivre est à la fois un bien et un mal ? »

— « Oui. »

XXXVII

— « Prends garde d'émettre des propositions qui se détruisent. Il est impossible que la même chose soit bonne et mauvaise ; car elle serait utile et nuisible, désirable et haïssable en même temps. »

— « Cela ne peut s'accorder ; cependant comment ne pas admettre que la vie soit un mal pour celui qui vit mal ? Par conséquent, si la vie est un mal pour cet homme, la vie par elle-même est un mal. »

— « Mais, reprit le vieillard, vivre et vivre mal sont deux choses toutes différentes ; ne le trouves-tu pas ?

— « Évidemment ce sont choses différentes. »

— « Donc, mal vivre est un mal ; mais ce n'est pas un mal que de vivre ; car il s'ensuivrait que la vie serait un mal pour ceux-mêmes qui vivent bien. »

— « Cela m semble plausible. »

XXXVIII

— « Puisque les bons et les méchants participent également à la vie, il faut conclure qu'elle n'est en soi ni un bien ni un mal. Il en est d'elle comme des opérations en chirurgie : les incisions et les brûlures, qui sont salutaires aux malades, sont nuisibles à ceux qui sont en bonne santé. De même ce n'est pas un mal de vivre, mais mal vivre est un mal. »

— « C'est juste. »

— « Si ce raisonnement est juste, dis-moi ce que tu voudrais de préférence : vivre dans la honte ou mourir avec gloire et en héros. »

— « Mourir avec gloire, sans hésiter. »

— « Ainsi donc la mort non plus n'est pas un mal, puisque souvent il est plus avantageux de mourir que de vivre. »

— « J'en conviens. »

— « Il en est de même de la santé et de la maladie : il y a des moments où l'excès de santé est nuisible. »

— « C'est vrai. »

XXXIX

— « Faisons les mêmes réflexions sur les richesses. Ne voyons-nous pas tous les jours des personnes qui regorgent de biens et qui mènent une vie triste et malheureuse ? »

— « Par Jupiter, nous en voyons beaucoup. »

— « Les richesses ne leur servent donc de rien pour être plus heureux ? »

— « Non, évidemment, car au fond ils sont infectés de vices. »

— « Ainsi donc ce n'est pas la richesse, mais la véritable Doctrine qui procure la vertu et le bonheur. »

— « Cela est à croire. »

— « Nous en arrivons à conclure que les richesses ne sont pas un bien, puisqu'elles ne sont d'aucun secours pour rendre les hommes plus vertueux ni plus heureux. »

— « Cette conclusion s'impose. »

— « Il n'est donc pas avantageux à certaines gens d'être riches, puisqu'ils ne savent pas faire un bon usage de leurs richesses. »

— « Il me semble. »

— « Comment par suite considérer comme un bien véritable ce qu'il est souvent avantageux de ne pas posséder ? »

— « Ce serait absurde. »

— « Celui qui sait faire de la richesse un honnête et bon usage sera heureux ; celui qui ne le sait pas est un homme à plaindre. »

— « Cette conséquence me semble rigoureusement juste. »

XL

— « Ce qui met du désordre et de la confusion dans les sentiments des hommes, c'est l'opinion différente qu'ils ont de ces sortes de choses. Les uns les considèrent comme un bien, et les recherchent, les autres les considèrent comme un mal, et les dédaignent. Ceux qui les estiment comme un bien s'imaginent qu'en les possédant on est parfaitement heureux. En conséquence, ils se résignent à tout pour les posséder, et ne reculent devant aucune action impie ou infâme. Ce qui les perd, c'est leur ignorance du véritable bien. Ils ignorent que le bien ne peut jamais avoir le mal pour principe. Or, ne voit-on pas beaucoup de gens parvenus à une immense richesse par des actions criminelles et honteuses, je veux dire par la trahison, le brigandage, l'assassinat, la délation, le vol et autres méfaits ? »

— « On n'en voit que trop. »

— « Donc, s'il est vrai que le mal ne saurait être le principe du bien, — vérité incontestable, — et que la richesse peut avoir sa source dans de mauvaises actions, il en résulte nécessairement que la richesse n'est pas un bien. »

— « Votre raisonnement est irréfutable. »

— « On ne peut acquérir la sagesse et la justice en faisant de mauvaises actions, de même que l'on ne peut devenir méchant et injuste en ne faisant que des actions louables et vertueuses. Or, comme il peut arriver que des scélérats amassent des richesses, acquièrent une grande renommée, remportent des victoires, jouissent en un mot de tous les agréments de la vie, il faut conclure qu'on ne doit point mettre toutes ces choses au rang des véritables biens. Elles ne sont en soi ni bonnes ni mauvaises ; le seul vrai bien est de posséder la sagesse, et le seul vrai mal est de ne la pas posséder. »

— « Voilà, il me semble, une assez juste conclusion. »

(Ici s'arrête le texte grec ; et le dialogue entre Cébès et le vieillard peut être considéré comme terminé : la conclusion semble définitive. Cependant il existe en arabe une traduction du *Tableau de Cébès* dont les deux derniers chapitres, à leur tour traduits en assez mauvais latin, se trouvent dans la plupart des éditions. Ces chapitres renferment des idées précédemment émises, et font l'effet d'une superfétation ; mais la dernière phrase au moins paraît toute naturelle : il convient de savoir en quels termes le vieillard prend congé de ses auditeurs. — Nous allons donner de ce texte latin une version aussi fidèle que possible.)

XLI

... — « C'est donc une opinion erronée de croire que de mauvaises actions puissent procurer de véritables biens. »

XLII

— « Assurément, reprit le vieillard, et, ainsi que nous l'avons dit, tous ces prétendus biens ne sont par eux-mêmes ni bons ni mauvais. Cependan', s'ils proviennent de mauvaises actions, on n'en peut attendre que du mal. Mais tous peuvent provenir de bonnes actions aussi bien que de mauvaises. Le sommeil ou l'insomnie, par exemple, la promenade ou le repos sont des choses purement indifférentes ; et il en est de même de tout ce qui peut échoir également au premier venu, au savant comme à l'ignorant. Ce qui est personnel au savant est un bien ; ce qui est propre à l'ignorant est un mal. La justice ne se trouve que dans les personnes réglées dans leurs mœurs et douées de raison ; la tyrannie ne peut convenir qu'à des esprits bornés et déréglés. Il est impossible que les deux contraires se trouvent en même temps dans le même sujet : un homme ne peut être endormi et éveillé tout à la fois, être savant et ignorant, ni avoir d'autres qualités contraires les unes aux autres, comme je crois l'avoir dit précédemment. »

— « Oui, lui dis-je, ce point est acquis : je crois qu'il se dégage de tout notre entretien. »

XLIII

— « Eh bien ! me répondit-il, tout cela repose sur un principe vraiment divin. »

— « Quel est donc ce principe dont vous voulez parler? »

— « La vie et la mort, la santé et la maladie, les richesses et la pauvreté, ainsi que toutes ces choses que tu considérais à la fois comme un bien et un mal, sont dévolues à la généralité des hommes indifféremment. »

— « Oui, nous sommes arrivés à cette conséquence, que de telles choses sont indifférentes, c'est-à-dire ne sont précisément ni des biens ni des maux; mais j'ai peine encore à convenir de ce principe. »

— « Si tu n'en conviens pas, ajouta-t-il, c'est que tu n'as pas l'habitude de te pénétrer de ces pensées, ni de tirer des principes toutes leurs conséquences. Ainsi je vous exhorte à ne jamais perdre de vue, dans le cours de votre vie, les raisons que je viens d'exposer, mais à les graver dans votre esprit et à vous les rendre familières par l'habitude. Quand il vous surviendra quelque scrupule, vous pourrez revenir ici pour me consulter, et je ferai en sorte de dissiper vos doutes.»

FIN
DU TABLEAU DE CÉBÈS

INDEX
DES PENSÉES DE MARC AURÈLE
PAR ORDRE DES MATIÈRES [1]

I. — **Exemples ou leçons de vertu de mes parents et de mes maîtres**

Livre	Articles
I	1, 2, 3, 4, 6, 7, 8, 9, 10, 11, 12, 13, 14, 15, 16

II. — **Bienfaits dont je suis redevable aux dieux**

Livre	Article
I	17

III. — **Sur l'être suprême et les dieux**

Livres	Articles
IV	4
V	32
VII	9, 75
VIII	19, 54
X	26
XII	28

IV. — **Providence**

Livres	Articles
II	3
III	2
IV	27, 40
VI	1, 9, 36, 44
VIII	50
IX	28

V. — **Résignation**

Livres	Articles
II	11
IV	10, 23, 29, 34
VI	5, 42
VII	41, 51
X	14, 20
XII	5

VI. — **Sur les prières**

Livres	Articles
V	7
IX	40

VII. — **Raison divine et humaine**

Livres	Articles
IV	13, 16
V	14, 21, 27

1. Au xviii° siècle, un traducteur de Marc Aurèle, M. de Joly, a cru devoir classer les pensées de cet empereur d'après l'ordre des matières. Sa classification est loin d'être satisfaisante ; cependant elle nous a servi pour établir ici ce répertoire.

Livres	Articles
VI........................ 8, 14,	55
VII............... 2, 11 et 12,	53
IX...............................	10
X................................	12
XI........ 1, 12, 20, 36, 37, 38,	39
XII.................... 9, 17,	19

VIII. — Loi naturelle

Livres	Articles
III..............................	15
IV..............................	45
V....................... 6,	10
VI................... 33, 45,	54
VII................... 13,	74
VIII.................. 27,	34
IX........ 1, 4, 5, 8, 9, 16, 22,	23
XI................. 4, 10, 24,	25
XII............................	30

IX. — Du recueillement

Livres	Articles
II........................ 8,	13
IV..............................	3
V...............................	11
VII.................. 28,	59
X............... 15 en partie,	23
XII............. 19 à la fin,	33

X. — Sur les spectacles

Livres	Articles
VII..............................	3
XI..............................	6

XI. — Sur les pensées et les mouvements de l'âme

Livres	Articles
III................. 4, 9 et	10
V....................... 16,	36
VII...................... 16,	43
VIII............... 40, 57,	60
X................................	38
XI...............................	19
XII..............................	18

XII. — Sur les troubles intérieurs

Livres	Articles
IV....................... 7	49
V....................... 2,	85
VI............... 11, 22, 31,	52
VII.. 2 en partie, 8, 37, 38, 42, 58,	61
VIII.... 4, 5, 17, 29, 36, 40, 42, 45 à la fin,	47
IX.............. 13, 20, 26,	32
X....................... 22,	25
XI...............................	11
XII................. 22, 25,	26

XIII. — Être content de ce qui arrive

Livres	Articles
IV..............................	44
V...............................	18
VI..............................	25
VII.............................	57
VIII................. 6, 15,	46
X..................... 3, 5, 21,	35
XI..............................	33

XIV. — Forces de l'âme contre la douleur

Livres	Articles
IV............... 8 et 9, 39,	41
V....................... 8, 19	26
VI..............................	32
VII...... 14, 33, 64, 66 et 67 en partie,	63
VIII................. 28, 41,	48
IX..............................	39

XV. — Règles de discernement

Livres	Articles
III..............................	11
IV................. 21 à la fin,	36
VI.................... 3, 13,	53
VIII................. 11, 13,	38
IX........ 15, 25, 37 en partie.	
X............ 10, 13 en partie,	37
XI....................... 23,	17
XII..............................	8

INDEX

XVI. — Objets dignes de notre estime

Livres	Articles
III	7
VI	16, 47
VII	52
XI	2
XII	27, 32

XVII. — Sur les véritables biens

Livres	Articles
III	6
V	12, 15
VI	41, 51, 59
IX	17
XI	22

XVIII. — Philosophie

Livres	Articles
II	15, 17
IV	30 et 31
V	9
VI	12
VIII	1
IX	29 en partie, 41
X	9 en partie,
XI	7

XIX. — Règles de conduite

Livres	Articles
III	13
IV	12, 18, 24, 26, à la fin, 32 à la fin, 46 en partie, 51
VI	26, 39
VII	4, 5, 7, 30, 60
VIII	16, 22 en partie, 30, 32, 61
IX	12
X	2, 12 en partie.
XI	8, 26
XII	6, 10, 20

XX. — Défauts à éviter

Livres	Articles
II	7, 16
III	5
IV	2, 28
V	28 à la fin.
VIII	9, 35, 51 en partie.
X	13 en partie.
XI	14, 15
XII	13

XXI. — Sur la volupté et la colère

Livres	Articles
II	10
VI	34
VII	24 en partie.
VIII	10, 39, 55
XI	28

XXII. — Sur la vaine gloire

Livres	Articles
IV	19, 20, 33, 35
V	34 en partie.
VI	18, 24
VII	6, 34, 62, 73
VIII	21 en partie, 37, 44, 52
IX	30

XXIII. — Humbles sentiments

Livres	Articles
II	6, 2
V	4, 5, 24
VI	21, 48
VII	24 à la fin, 70, 71
VIII	22 à la fin.
X	9 au commencement.
XI	30

XXIV. — Contre la paresse

Livres	Articles
V	1
VIII	12

XXV. — Contre le respect humain

Livres	Articles
IV	22, 38
V	3

INDEX

Livres	Articles
VI	35
VII	15
VIII	53
IX	18, 34
XI	31 et 32
XII	4

XXVI. — Des obstacles à faire le bien

Livres	Articles
V	29
VI	2, 19, 20, 50, 58
X	33
XI	9
XII	11

XXVII. — Encouragements à la vertu

Livres	Articles
II	4, 5, 19
III	1, 14
IV	17, 25, 37
V	31
VI	7, 23, 29, 30
VII	29, 31, 39, 47, 54, 56
VIII	8, 35
IX	7, 31
X	1, 8, 9 à la fin, 15 à la fin, 16, 19, 23, 32
XI	27, 29
XII	1, 7, 14, 15

XXVIII. — Supporter les hommes

Livres	Articles
I	1
IV	6
V	17, 28 presque entier.
VI	27, 57
VII	1, 63
VIII	14, 59
IX	11, 27, 38
X	4, 27, 30
XII	12, 19

XXIX. — Sur les offenses qu'on reçoit

Livres	Articles
IV	11
V	22, 25
VI	20
VIII	51 à la fin, 55
IX	42
XI	13

XXX. — Pardonner à ses ennemis et les aimer

Livres	Articles
VI	6
VII	22, 26, 65

XXXI. — Bonheur de la vie

Livres	Articles
III	12
V	34, 36 à la fin.
VI	40, 43
VII	17, 20, 27, 67 à la fin.
VIII	3, 7, 26, 43, 45
IX	6
X	6
XI	16
XII	3, 29

XXXII. — L'homme vertueux

Livres	Articles
III	8, 16
IV	1
VI	17, 33
VII	36, 44, 45, 46, 55, 66, 69, 72
VIII	28
IX	2
XI	5, 21

XXXIII. — Se détacher et s'attacher

Livres	Articles
IV	32 en partie.
V	10, 23, 33

Livres	Articles	Livres	Articles
VII.........................	19, 21, 48	III.........................	3
VIII......................	24, 21 en partie.	IV......	5, 14, 15, 21 en partie,
IX.... 14, 19, 24, 28 à la fin, 29 au		42, 43, 46 en partie, 47, 48,	50
commencement............	36	V.........................	13
X.............	11, 17, 18, 31, 34	VI..... 4, 10, 15, 28, 37, 46, 49,	56
XI.........................	34	VII..... 2 à la fin, 10, 18, 23,	
XII......................	2, 21	25, 32, 35, 40, 49,	50
		VIII........... 18, 20, 25, 31,	58
		IX........ 8, 21, 33, 35, 37 à la fin.	
		X.................. 3, 28, 29,	36
		XI..................... 3,	35
		XII........... 23, 31, 34, 35,	39

XXXIV. — Sur la mort

Livres	Articles
II.........................	12, 14

TABLE GÉNÉRALE

	Pages.
Avertissement.	v
Vie de Marc Aurèle Antonin.	1
Pensées de l'Empereur Marc Aurèle Antonin.	27
Livre I.	27
— II.	42
— III.	53
— IV.	67
— V.	91
— VI.	113
— VII.	138
— VIII.	164
— IX.	189
— X.	211
— XI.	234
— XII.	254
Manuel d'Épictète.	271
Épictète.	273
Manuel.	275
Le Tableau de Cébès.	313
Cébès.	315
Le Tableau de Cébès, philosophe platonicien, ou l'Image de la vie humaine.	317
Index des Pensées de Marc Aurèle par ordre des matières.	355

www.ingramcontent.com/pod-product-compliance
Lightning Source LLC
Chambersburg PA
CBHW050301170426
43202CB00011B/1772